미국에서
성공하는
리더의 마일스톤

Milestone of Leaders to Succeed
in the United States

Contents

프롤로그　　**미국형 비즈니스 리더** · 8

글로벌 리더를 위한 제언의 메시지

글로벌 리더의 길을 제시하는 히든 리더 · 16
송영수 한양대학교 교수

다문화 조직에서 성공하기 위한 '이니셜 파워' · 18
엄준하 한국HRD협회 이사장

경이로운 여정의 마음 나침반 · 20
노상충 캐럿글로벌 의장

미국 사회와 조직을 이해하는 실천적 길잡이 · 22
김영헌 한국코치협회 회장

Ⅰ. 미국 사회
존중, 정직, 믿음, 정성, 그리고 가족

정리정돈 · 26

마라톤 · 34

나와 회사의 비전 · 41

뒷담화 · 50

급여와 동기부여 · 57

다양성과 포용성 · 64

의사소통과 경청 · 70

효율과 효과 · 82

좋은 회사 · 96

'나', '자신'에서 '우리', '함께'로 · 102

회사생활과 만족감 · 109

소통과 관계를 위한 다섯 가지 핵심가치 · 116

함께 식사하는 이유 · 122

Ⅱ. 미국 조직
리더 101을 실현하는 'stand'

나의 경영혁신 · 130

말과 행동 사이 · 137

리더 진단법 · 145

평생 학습 시대 · 153

프로와 아마추어의 차이 · 160

눈높이 일치화 · 167

개선과 성장을 위한 변화는 선택 아닌 필수 · 175

직장동료를 마주하는 거리 · 181

품격 있는 리더의 자세 · 187

인간관계의 윤활유 · 194

주고받음의 공식 · 200

초심 · 208

국가와 조직을 바로 세울 리더의 격格 · 213

진정한 전문 관리자 · 220

비업무적 소통과 관계의 필요성 · 227

Ⅲ. 미국 비즈니스
멜팅 팟Melting pot과 샐러드 볼Salad bowl

개인주의와 집단주의의 공존 · 236
문화의 일반화 경계 · 243
형식 논리와 실용 논리 사이 · 248
한국적인 정서의 공유 · 255
미국에 대한 부정적 범주화 · 261
친절과 우정의 차이 · 267
미국 조직의 본질적인 특성 · 274
미국 조직의 기본적인 매너 · 286

에필로그 **미국의 다양성 조직에서 요구되는 역량** · **294**

프롤로그

미국형 비즈니스 리더

  프롤로그를 준비하며 며칠 동안 고민이 많았습니다. 솔직히 책의 본문을 준비하는 것보다 더욱 어려운 주제였습니다. 이 책이 추구하는 명확한 목적과 주요 내용을 되짚어보고, 독자분들에게 필요한 의미 있는 메시지를 가늠하다 보니 책임감과 부담감이 크다는 사실을 새삼 깨닫게 되었기 때문입니다.

  저는 1981년 한국의 대기업에서 엔지니어로서 직장에 첫발을 들였고, 그로부터 4년 후 미국의 주재원으로 발령받게 되었습니다. 그렇게 본격적으로 미국에서 생활하기 시작하며, 40여 년 동안 미국 내 한국계 기업과 미국 기업은 물론 제가 창업한 경영 컨설팅 기업에서 사업 프로젝트, 영업, 조직관리, 경영 컨설팅, HRD 등 다양한 직무를 소화하고 책임을 완수하였습니다.

  이 경험 속에서 저는 한국인 미국 문화 전문가, 또 글로벌 조직관리 전문가로 나름대로 자리하게 되었습니다. 그리고 이제는 이 경험을 한국 내 다국적 기업, 미국 내 한국계 기업, 미국 기업 등에 근무하는 경영진과 구성원에게 공유하고 싶어졌습니다. 더구나 요즘은 다국적 기업이 활발히 활동하는 시대인 만큼 40여 년에 걸쳐 인간, 사회, 조직 중심의 미국 생활을 기록한 일과 삶의 흔적이 독자들에게 조언과 도움으로 닿기를 기원하게 되었습니다.

  지금까지 저는 미국 문화 및 조직 관련 내용을 중심으로 네 권의 책을 출간하였습니다. 저는 학문에 정통한 학자나 교수가 아니기에 개념, 이론, 법칙, 논리 등으로 무장되진 못했으나 미국에서만 40여 년의 사회생활을 통해 다양한 사람과 상황을 접하였고, 조직 운영에 있어서 경영진, 관리자, 구성원 교육자 등의 역할과 기능을 수행하였습니다.

  그 가운데 미국인, 미국 문화, 미국식 비즈니스 관행 등이 한국인, 한국 문화, 한국식 비즈니스 관행 등과 무엇이 다르고, 왜 다른지 이해하게 되었습니다.

동시에 하나의 조직 속에 다양한 사고방식을 보유한 구성원들이 하나의 방향으로 하나의 신체처럼 움직이도록 지원하고 지지하는 것은 매우 중요한 필연적 과제라는 사실을 절실히 느꼈습니다.

그래서 저는 미국인과 함께하는 회사생활 속에서 조직 내 다양성을 존중하며 구성원의 일원화를 구현하기 위해 상황 파악, 문제 해결, 결과 도출, 이를 위한 구성원들과의 소통과 관계 정립 등에 각별한 관심으로 관찰하며 관여하게 되었고, 유관 프로그램, 제도, 캠페인, 교육 등의 맞춤형 방안을 개발해 장단기적으로 실효성을 확인할 수 있었습니다.

이러한 경험과 사실을 반영해 이 책은 크게 3장으로 구분되었습니다.

제1장은 한국 대기업의 지사를 포함한 미국 내 한국계 기업은 물론 순수 미국 기업의 환경 및 특성을 언급하고, 그곳에서 문화적 특성에 걸맞게 최상의 결과를 도출할 수 있는 업무 수행 방법, 내용, 자세 등을 제시하고자 합니다.

제2장은 이러한 조직에서 적응을 넘어 성공하는 리더와 관리자로 활동하기 위한 다양한 관리기법, 소통법과 관계 정립법, 정량적·정성적 고려 사항 등을 스트리트 스마트street smart 방식으로 전달하고자 하였습니다. 특히 경영학자나 경영컨설넌트들이 짚어주는, 한국과 미국의 비즈니스 정서가 함께하는 조직에서 주지해야 하는 필수사항들을 실무 관점에서 공유하였습니다.

제3장은 미국 문화와 비즈니스 관행을 설명하고자 합니다. 미국인, 미국 문화, 미국식 비즈니스 관행에 대한 올바른 이해는 회사와 조직의 바람직한 관계 및 협업을 위해 반드시 요구되는 요건입니다. 아무리 훌륭한 제품, 서비스, 시스템을 갖춘 회사라 하더라도 인종, 문화, 가치관, 환경 등의 차이에서 비롯된 오해로 구성원 사이에 불신과 반목이 싹터 협업이 어려운 경우가 빈번하게 발생합니다. 이는 제 저서인 《미국 생활 가이드》나 《한국인은 흰 양말만 신어요?》에서도 확인할 수 있고, 이 책에도 현시점을 기준으로 재정리해 반영하였습니다.

아울러 이 책은 주로 다음과 같은 독자분들을 생각하며 집필하였습니다. 한국 기업의 미국 주재원과 그 가족, 미국 이민(예정) 한국인, 미국 내 한국계 기업 및 한국 내 미국 기업의 한국인 임직원과 취업 희망자, 그리고 미국의 비즈니스 관행 관련 지혜와 지식이 필요한 한국인 사업가 등입니다.

또한 추가적으로 저와 비슷한 시점의 인생길을 걸으시는 조직의 관리자들과 인간적, 철학적, 개념적으로 소통하고 공감하고 싶은 마음도 있습니다.

모쪼록 이 책이 독자분들에게 가치 있고 의미 깊게 전달되기를 희망합니다. 나아가 이 책이 독자분들이 사회, 조직, 개인의 목표를 실현하는 데 긍정적인 영향력을 미치길 기대합니다.

이 책은 미국 생활하는 40여 년 동안 모아 놓은 기록과 메모 속 일과 삶의 화제와 에피소드를 정리하면서 구체적인 내용이 마련되었습니다.

그런 만큼 이 책이 출간하기까지 제게 집필할 수 있는 각종 주제와 소스를 제공해 준 여러 조직을 비롯해 그간 직간접적으로 관계를 맺었던 한국과 미국의 수많은 지인과 동료들께 감사의 인사를 드립니다.

깊은 마음과 배려로 지원해 주신 미국 키스Kiss사의 장용진 회장님, 신실하게 조언과 충고를 아끼지 않으신 한양대학교 송영수 교수님, 정성으로 편집과 감수를 맡아주신 인재창조 기업 마오르MAOWR에도 심심한 감사의 뜻을 전합니다.

특히 그 누구보다 저를 믿어 주고 평생 무한한 격려와 지지로 함께하고 있는 아내와 사랑하는 두 딸에게 마음 다해 감사를 표하며, 구순의 연세에도 한결같이 저를 염려하며 항상 사랑을 베푸시는 부모님께 이 책을 바칩니다.

김은성 드림

글로벌 리더를 위한
제언의 메시지

글로벌 리더의 길을 제시하는 히든 리더

송영수 한양대학교 교수

'히든 챔피언Hidden Champion'이라는 표현이 있습니다. 이는 독일의 저명한 경영학자 헤르만 지몬Hermann Simon이 주창한 개념으로 각 분야의 글로벌 우량기업을 지칭합니다. 세상에는 이러한 히든 챔피언이 존재하듯이 글로벌 우량기업으로 성장을 주도하며 도전과 개척의 역사를 만드는 '히든 리더Hidden Leader' 역시 실재합니다.

〈애플〉의 스티브 잡스Steve Jobs나 〈마이크로소프트〉의 빌 게이츠Bill Gates처럼 유명한 경영자들도 있지만, 글로벌 우량기업의 경쟁우위는 경영 현장에서 지속가능한 성장의 밑거름을 다지는 리더들이 있었기에 가능했습니다. 무無에서 유有를, 평범에서 비범한 성과를 만들어 최고의 기업을 창조한 이들이 바로 히든 리더Hidden Leader입니다.

그 관점에서 이 책의 저자는 명백한 히든 리더입니다. 40여 년의 세월을 미국의 기업에서 열정과 헌신을 쏟아부으며 쌓아 올린 혼이 담긴 그의 이야기his story는 4차 산업혁명

Industrial Revolution과 디지털 전환Digital Transformation 시대를 살아가는 우리에게 미국 사회와 조직에서의 생존을 넘어 성장, 그리고 리더로서 성공의 길을 안내하고 있습니다.

무엇보다 저자는 해외 주재 생활에 관록이 쌓인 경영 베테랑입니다. 그래서 세계에서, 특히 미국에서 비즈니스를 해야 하는 주재원, 또는 파견 예정자, 경영자, HR 담당자, 지역 전문가, 나아가 글로벌 리더를 꿈꾸는 청년층은 그의 목소리에 귀 기울일 필요가 있습니다.

물론 이 책 한 권에 미국 사회와 조직에 관한 전부가 담겨 있진 않습니다. 하지만 개념 중심의 이론서가 아니라 미국의 기업 현장에서 온몸으로 깨우친 히든 리더의 솔직한 일적 히스토리his + story = history라는 면이 강한 흥미와 호기심을 불러일으킵니다.

흔히 '독서는 앉아서 하는 여행'이라고 합니다. 미국과 미국의 기업에서 성공을 원하는 독자들이라면 이 책을 통해 앉아서 하는 여행을 시작해 보기를 권합니다.

송영수 교수는 삼성에서 23년간 리더십과 인력개발 전문가로 활동했으며, 지난 2006년부터 한양대 교육공학과 교수로서 제자들의 성장을 위해 매진하고 있다. 한양대에서 리더십센터장, 행복드림상담센터장, 그리고 인재개발원장을 거쳤고, 대한리더십학회장, 한국산업교육학회장을 역임한 국내 최고 수준의 인재 창조 전문가로 활동하고 있다.

다문화 조직에서 성공하기 위한 '이니셜 파워'

엄준하 한국HRD협회 이사장

삶은 문제의 연속입니다. 특별한 삶을 선택할 때 문제는 더욱 빈번히 발생하며, 각각의 문제에 대응하는 결과에 따라 삶의 희비는 엇갈립니다. 그래서 우리는 삶의 걸음마다 계획이 필요합니다. 계획이 없다는 것은 나침반 없이 망망대해를 표류한다는 뜻입니다.

이 책은 그러한 계획을 수립할 수 있는 주춧돌 역할을 합니다. 저자가 40여 년 동안 경험한 살아 있는 지식은 미국 사회와 조직을 이해하고 적응하기 위한 지침으로 다가옵니다.

더구나 그 선행 과제로 미국 사회와 조직에 다가설 때의 자세와 태도는 물론 올바른 가치관에 대해 짚어주고 있습니다. 사람의 자세와 태도는 능력과 노력보다 훨씬 중요합니다. 능력이 출중하고, 노력이 남달라도 자세와 태도가 그릇되면 사회와 조직에 부정적인 영향을 미칠 수밖에 없습니다.

아울러 이 책은 미국 사회와 조직에서 성공하기 위한 '이니셜 파워Initial Power'를 선사합니다. 라틴어 'initialis'가 어원인 이니셜은 시작을 의미하며, 이니셜 파워는 변화의 시동력을 뜻합니다. 즉, 이 책은 미국 사회와 조직에 안착하기 위한 동기와 의지의 시동력을 제공합니다.

대부분 이니셜 파워는 자기주도학습으로 이어지곤 합니다. 자기주도학습이란 스스로 주도성과 책임감을 갖고, 관심사와 필요성에 따라 학습방식을 선택하고 조절하는데, 이를 통해 더욱 의욕적, 효과적 학습을 수행할 수 있습니다. 이는 기존의 지식 및 경험과 결합해 한층 발전된 역량을 창출합니다. 미국 내 다문화 조직에서 리더로 자리하려면 이러한 자기주도학습은 필수입니다.

미국의 심리학자 윌리엄 제임스는 '생각을 바꾸면 행동이 바뀌고, 행동을 바꾸면 습관이 바뀌고, 습관을 바꾸면 인격이 바뀌고, 인격을 바꾸면 운명이 바뀐다'고 전한 바 있습니다. 이 책으로 생각을 다듬은 다음 실천화와 습관화를 통해 다문화 조직의 리더로 성큼 다가서시길 바랍니다.

엄준하 이사장은 30여 년간 '사람마다 타고난 재능을 어떻게 개발하고, 발휘할 것인가'를 연구해 온 인력개발학 박사이다. 그는 조직에서 사람의 역량을 개발하는 HRD 분야의 선각자로서 HRD를 통한 '사람 중심 경영'과 '사람다움의 세상'을 실현하고자 전심을 다하고 있다. 현재 (사)한국HRD협회 이사장, 인생경영학교 교장, 월간HRD 발행인 등을 맡고 있다.

경이로운 여정의 마음 나침반

노상충 캐럿글로벌 의장

모국이 아닌 타국에서 살아가는 여정은 결코 녹록지 않습니다. 더욱이 사업가, 주재원, 직장인 등으로 외국에서 활동하려면 각국의 언어와 화법, 가치관과 사고방식, 역사와 문화 등을 이해하고 직면하는 다각적인 준비가 필요합니다.

그 가운데 가장 중요한 것은 마음의 준비입니다. 《팔만대장경》을 단 한 글자로 표현하면 '마음 심心'입니다. 이 책은 그 마음가짐에 대해 강조하고 있어 특별합니다. 미국 사회와 조직에서 40여 년 동안 활동한 저자는 그간의 지식과 경험을 공유하며, 리더로 성공하기 위한 마음가짐에 대해 부단히 설명합니다.

그 여정에서 자신의 비전, 미션, 핵심가치가 어떻게 삶에 투영되고 삶을 만들어가는지를 온몸으로 보여줍니다. 이런 삶은 그 자체로 행복이고 성장이며 경이로움입니다. 이러한 목표를 완수하기 위한 핵심 키워드로 저자는 실행을 역설하며, 동시에 마음 밭에 자라나는 부정적이고 소모적인 감정을 다룰 줄 아는 지혜를 언급합니다.

자세히 보면 우리의 삶은 자연성의 토대 위에 있습니다. 이 원리를 아는 사람은 매 순간 열정으로 자신을 활활 불태울 수 있으며, 즐겁고 놀라운 일의 성과를 거두고, 인생을 더욱 풍요롭게 가꿀 수 있습니다. 저자 역시 자연성 인간으로서 살아온 경험과 지식을 이 책에 녹여내고 있으며, 특히 언행일치를 신념으로 다져온 그의 삶은 공상만 많은 우리에게 귀감으로 다가옵니다.

미국 사회, 특히 다문화 조직에서 리더로 성장하는 길은 만만치 않습니다. 답을 찾을 수도 없습니다. 오로지 스스로를 넘어서는 '경이로운 나의 여정'만이 존재할 뿐입니다. 그 여정의 방향을 가늠하는 나침반으로 이 책은 가치가 높습니다.

미국 사회와 다문화 조직에서 성공적인 여정을 꿈꾸는 모두를 응원하며, 저자도 마음에 새기고 있는 《숫타니파타》의 한 구절을 펼칩니다.

'소리에 놀라지 않는 사자같이, 그물에 걸리지 않는 바람같이, 진흙에 물들지 않는 연꽃같이, 무쏘의 뿔처럼 혼자서 가라.'

노상충 의장은 美 Whitworth 대학에서 MBA를 전공하고 성균관대학교에서 심리학 박사 학위를 받았다. 삼성전자에서 근무하였으며 캐럿글로벌 이사회 의장으로 주재원 교육, 글로벌 직무역량 교육, 리더의 의식진전 교육 등을 통해 차세대 인재 양성에 기여하고 있다.

미국 사회와 조직을 이해하는
실천적 길잡이

김영헌 한국코치협회 회장

글로벌 시대에 정말 필요한 책이 출간되었습니다. 저자는 미국 주재원을 시작으로 미국 내 한국계 기업, 미국 기업, 그리고 경영 컨설팅 기업의 창업과 운영 등 미국 사회와 조직에서 40여 년 동안 쌓아 온 실천적 지식을 총정리한 후 압축적으로 망라하고 있습니다.

여기에는 이론이 아닌 시행착오 속에 깨우친 경험이 스며 있어 다문화 조직과 인연을 맺고 있는 인재들은 물론 일선에서 미국 진출을 고려하는 기업의 경영진, 그들을 직접 코칭하는 비즈니스 코치들에게도 유용하리라 생각합니다.

실제로 이 책은 미국의 다문화 조직에서 업무 수행 시 가장 중요하고 필수적인 요소로 소통과 경청을 손꼽으며, 문화적 차이로 발생할 수 있는 실수나 착오를 사전에 방지할 수 있도록 도와줍니다. 게다가 조직 내 대인관계를 위한 다섯 가지 가치로, 존중, 정직, 믿음, 정성 그리고 가족을 짚어주며,

적용 방안도 알려줍니다.

아울러 미국의 다문화 조직에서 아마추어가 아닌 프로 직장인으로 활동하는 방법도 제시하고 있습니다. 핵심은 초심 유지와 평생 학습입니다. 이는 교만과 편견에서 벗어나 진정한 리더로 거듭날 수 있도록 인도합니다.

하지만 구슬이 서 말이라도 꿰어야 보배인 법입니다. 저자는 '움직이기 전까지는 아무것도 바뀌지 않는다'는 아인슈타인의 메시지를 통해 무엇보다 실천의 중요성을 강조하고 있습니다. 다문화 조직에서 과제와 시련은 쉴 새 없이 밀려올 수 있습니다. 그러나 실천을 통해 다문화 조직에서 요구하는 지식과 경험을 내재화하면 원만하고 충실하게 그 일을 완수할 수 있습니다.

이 책은 이처럼 미국의 다문화 조직 속에서 리더십은 물론 타 문화에 적응하기 위한 지식, 기술, 태도 등의 역량을 효과적이고 효율적으로 습득할 수 있는 지침서인 만큼 가까이 두고 일독하시길 적극 추천합니다.

김영헌 회장은 포스코에서 30년 이상 인사, 인재육성, 혁신 등의 주요 업무를 수행했다. 경영인사팀장, 비서실장, 포스코케미칼 경영지원부문장, 포스코 미래창조아카데미원장, 포스텍 행정처장 등을 역임했으며, 현재는 ㈔한국코치협회 회장, 경희대 경영대학원 코칭사이언스 주임교수, 한경닷컴 칼럼니스트 등으로 활동하고 있다.

I

미국 사회
존중, 정직, 믿음, 정성, 그리고 가족

정리정돈

불필요한 것 버리기

영화에서 분주한 사무실을 묘사할 때 책상 위에 쌓인 각종 서류와 파일 사이로 정신없이 전화를 받아 가며 일하는 모습이 연출되곤 합니다. 이러한 장면을 들여다보면 정말 열심히 일한다는 착각에 빠지기도 하지만, 과연 어수선한 환경과 정신 속에서 효율적이고 효과적인 업무 수행이 가능한지 현실적인 관점에서 의구심이 생깁니다.

사실 조직에는 동시에 여러 가지 일을 처리할 수 있는 다중작업multi-tasking에 능한 사람이 있는가 하면, 순서대로 한 가지 일에 집중하는 단일작업single-tasking 위주의 사람도 있습니다. 하지만 업무 수행 방식을 논하기 이전에 선결돼야 하는 사안은 근무환경이며, 정리정돈은 이와 밀접한 연관성을 갖고 있습니다.

저는 1년에 한두 차례 조직의 구성원에게 자신의 책상과 주변 정리정돈을 요청하는 공문을 보내곤 했습니다. 지극히 상식적인 차원의 내용을 주기적으로 독려한다는 사실은 업무 경험과 역량이 풍부한 조직의 관리자들에게 의아하게 다가갈 수도 있지만, 그 중요성은 결코 간과할 수 없습니다.

《일본전산 이야기》에는 회사생활의 기본 자세와 습관 중 소양, 단정, 예의, 정리, 정돈, 청결에 충실하라는 문구가 있습니다. 너무나도 당연한 내용이지만, 그 이면에는 기본에 충실해야만 힘들고 어려운 업무나 인간관계를 제대로 감당할 수 있다는 메시지가 녹아 있습니다.

한때 미국에는 물건에 집착하는 저장강박증compulsive hoarding syndrome 관련 TV 프로그램이 유행한 적이 있었습니다. 그 TV 프로그램에는 전자제품, 가구, 의류를 비롯해 온갖 잡동사니까지 그동안 소유했던 물건들을 하나도 버리지 못한 나머지 관리할 수 없는 지경에 이르러 어느 시점부터는 물건 속에 파묻혀 일상생활이 불가능한 사람들이 등장했습니다. 그들도 처음에는 절약을 실천하고 감상적 가치sentimental value를 실현하는 훌륭한 의도로 하나둘 물건을 소장하기 시작했을 것입니다. 하지만 결국은 자신이 선택하고 구매했던 물건에 도움은커녕 오히려 종속되어 일상생활이나 대인관계조차 할 수 없는 외롭고 비참한 삶 속에 빠지게 되었습니다.

불필요한 것 버리기

　사실 미국에는 매년 봄이나 가을이 되면 주택가 주위 도로변에 수많은 전자제품이나 가구 등이 쌓여 있습니다. 이는 환절기 대청소로 집을 정리정돈하는 가운데 버려진 물건들로 정해진 날짜에 해당 시의 관리부서에서 수거해 갑니다. 이 주기적인 계기를 통해 정리정돈하는 과정에서 기억에서 사라졌던 물건들이 의외로 다수 발견되곤 합니다. 처음에는 필요에 의해 구매했을 테지만 시간이 지나면서 생각과 환경이 바뀌고, 그에 따라 가치나 의미도 변화해 잡동사니로 전락해 버린 경우가 대부분입니다. 이처럼 우리는 삶 속에서 물질적, 정신적, 감정적 쓰레기들을 계속 생산하고 있고, 혹자들은 그것을 버리지 못하는 편집증을 앓기도 합니다.

    회사에서도 유사한 체험을 합니다. 우리는 업무를 수행할 때 보관하고 있는 파일, 서류, 비품을 비롯한 정보, 자료, 물품 등을 활용합니다. 경력이 오래될수록 그 종류나 수량은 방대해집니다. 그 가운데 정리정돈을 하다 보면 상당 기간 찾지 않았거나 전혀 필요 없는데도 쌓여 있는 정보, 자료, 물품 등을 많이 발견하게 됩니다.

    저 역시 30대 시절 책상에 서류를 산더미처럼 쌓아 놓고 일했던 기억이 있습니다. 이는 영화 속 분주한 사무실에서 정신없이 업무에 몰입하는 사람을 연상시키는 한편, 미국인 직장동료들에게 '나는 정말 열심히 바쁘게 일하고 있다'는 메시지를 전달하고 싶은 의도도 있었던 것 같습니다.

    하지만 수십 년이 흐른 지금 저의 자리와 책상 주위는 여느 구성원과 비교해 한결 깨끗한 상태로 정리정돈되어 있습니다. 회사생활의 경륜과 인생의 경험이 쌓여 가면서 터득한 진리 중 하나가 바로 정리정돈이었기 때문입니다. 정리정돈이 최우선적으로 선행될 때 업무 수행과 시간 관리의 효과성과 효율성을 극대화할 수 있었습니다. 주위 환경은 물론 업무 시 필요한 정보, 나아가 마음과 태도까지 정리정돈이 되면 일이나 계획이 보다 합리적이고 조직적으로 실행될 수 있었습니다.

아울러 이와 같은 일 처리 과정으로 업무에 임했을 때 결과나 성과 도출도 훨씬 빠르게 달성할 수 있다는 사실을 체험했습니다. 업무에 요구되는 지식과 정보를 주변에, 또 머릿속에 일목요연하게 정리정돈해 놓았기 때문에 우선적인 일은 무엇이며, 그때그때 어떻게 접근할지 효과적이고 효율적으로 시간과 노력을 들이며 목표를 달성할 수 있었습니다.

정리정돈은 업무 시 불필요하고 반복적인 과정, 비합리적인 접근과 소통, 예기치 않은 실수나 누락 등이 발생할 확률을 낮추고, 최소한의 시간과 노력으로 최적의 생산성을 달성할 수 있도록 도와줍니다. 당연히 개인의 자신감과 조직의 성과가 올라갈 수밖에 없습니다.

그뿐 아니라 정리정돈되어 있으면 평상시에도 여유롭게 업무에 집중할 수 있습니다. 분주하고, 정신없고, 초조한 가운데 수동적으로 임하는 방어적인 업무 습관도 변화시킬 수 있습니다.

정리를 한다는 것은 해야 하는 것과 하지 말아야 하는 것, 그러니까 중요한 것들과 불필요한 것들을 구분하고 판단하는 과정입니다. 또한 정돈을 한다는 것은 필요 자원이나 도구를 적재적소에 배치하는 과정입니다.

> "
> 파레토 법칙, 즉 80:20 법칙에는
> 중요도 상위 20%에 해당하는 일들을 수행하면
> 최종 목표에서 80% 정도의 성과를
> 달성할 수 있다는 의미가 담겨 있습니다.
> "

 정리정돈이 선행되면 우선순위가 명확하게 눈에 들어와 효율적으로 업무를 수행할 수 있고, 그 가운데 효과적으로 결과를 맺을 수 있습니다. 결국 정리정돈은 업무성과를 위한 현실적, 실용적, 상식적 사전 준비 과정입니다.

 저는 조직의 구성원에게 물리적, 정신적 정리정돈을 이야기하면서 동시에 전달하는 용어들이 있습니다. 바로 '우선순위화prioritization', '80:20 법칙', 그리고 'ABCD 법칙'입니다. 이 용어들은 경영에서 일반화된 개념으로 업무 시 정리정돈을 수행하는 데 매우 유익한 방법이기에 추천하고 있습니다.

 먼저, 우선순위화는 자신이 계획하는 일들의 핵심 내용을 제목으로 정해 나열한 후 중요성과 필요성에 따라 순서대로 정리하는 개념입니다.

 그리고 우선순위화된 전체 리스트에 80:20 법칙을 적용시켜야 합니다. 80:20 법칙이란 전체 리스트 중 상위 20%에 해당하는 일들을 수행하면 최종 목표에서 80% 정도의 성과를 달성할 수 있다는 의미를 갖고 있습니다. 따라서 상위 20%에 해당하는 일들을 제대로 수행한다면 나머지 하위 80%의 일들을 수행하는 것보다 훌륭한 성과를 달성할 수 있습니다. 이는 같은 시간과 노력을 들일 때 중요성과 필요성에 따라 업무를 수행하면 전혀 다른 결과가 나타날 수 있다는 사실을 증명합니다.

또한 ABCD 법칙은 일의 범주를 ABCD로 구분하는 방식입니다. A범주는 반드시 수행해야 하는 일이고, B범주는 A범주만큼 중요하지는 않지만 책임져야 하는 일입니다. C범주는 실행이 필요하지만, 초급 관리자나 하부 조직에서도 감당할 수 있는 일입니다. 따라서 자신의 역량과 가치를 감안해 C범주의 일을 위임delegation한 후 A범주와 B범주의 일에 집중할 수 있습니다. 한편, D범주는 궁극적으로 없어져야 하는 불필요한 일입니다. 그동안 비판적인 사고 없이 관성에 따라서, 눈치를 본다고, 아니면 귀찮다고 그대로 행했던 지양해야 하는 일입니다.

이 세 가지 개념을 원칙으로 활용하면 정리정돈의 결과가 훨씬 좋아질 수 있습니다.

아울러 우리는 형이하학적인 정리정돈뿐 아니라 형이상학적인 정리정돈까지도 함께 병행해야 합니다. 물리적인 환경이 정리정돈 되었다면 심리적인 상태의 정리정돈도 수반돼야 합니다.

우리는 회사생활과 일상생활 속에서 여러 가지 이유로 발생한 부정적 감정들, 이를테면 근심, 불안, 좌절, 불만, 분노, 변명, 욕심, 질시 등의 정신적 쓰레기가 축적되며 마음이 병들어 갑니다. 이러한 정신적 쓰레기를 청결하게 청소한 후 꿈, 희망, 각오, 열정, 순수, 배려, 겸허, 사랑 등의 긍정적 감정들로 그 자리를 채운다면 회사생활과 일상생활이 보다 풍요로워질 것입니다.

문득 법정스님께서 말씀한 무소유라는 화두가 생각납니다. 그분이 강조한 무소유는 아무것도 갖지 말아야 한다는 뜻이 아니라 불필요한 것을 갖지 말라는 뜻으로 전해집니다. 평생 무소유를 추구하며, 항상 비움을 실현했던 법정스님은 이러한 정신적 정리정돈을 통해 마음의 청결도를 최상으로 유지했으므로 온전히 수행에 정진할 수 있었을 것입니다. 그 관점에서 저 역시 긴장을 늦추지 않고 정리정돈을 일상화하는 노력을 지속하고자 합니다.

마라톤

달리기 싫어요!

제가 몸담았던 회사 중 한 곳은 펜실베이니아 외각 휴양지에 교육연수원이 소재했습니다. 당시 주관했던 교육 과정에는 며칠 동안 합숙하며 진행되는 프로그램이 포함되어 있었습니다. 승진자 교육, 직급별 교육, 신입사원 교육, 리더십 교육, 기능별 업무개선 워크숍 등이 그것입니다. 교육 과정에 따라 내용은 상이했지만, 교육연수생들이 공통적으로 진행하는 일정이 있었습니다. 바로 아침 조깅입니다.

교육 과정 전 계절을 불문하고 아침 7시 10분 전에는 교육연수원 앞에 모여 조깅할 준비를 했습니다. 하지만 조깅할 때마다 여기저기서 불만의 목소리가 터져 나왔습니다. 시기에 따라 내용과 정도의 차이는 있지만, '너무 추워요', '정말 더워요', '비가 내리려 해요', '몸이 아파요', '지난밤 일정 때문에 피곤해요' 등 투덜거리는 소리가 들려왔습니다.

특히 겨울철에는 교육연수생들의 모습이 유독 애처롭기도 합니다. 대다수 두툼한 겉옷을 입고서 추위에 웅크린 자세로 양손은 주머니에 넣고 있습니다. 누군가는 눈꺼풀이 비몽사몽 감겨 있고, 누군가는 입술이 삐죽 튀어나와 있습니다. 때때로 원망이 서린 눈초리를 발견하기도 합니다.

그런가 하면 일부는 교육 과정을 마치고 공식 이메일을 통해 '아침 조깅은 교육 외적인 시간에 회사가 요청한 사항이므로 잔업수당overtime을 지급해야 한다'고 요청하기도 합니다. 최근 한국에서도 비슷한 사례가 나타나고 있지만, 미국에서는 예전부터 종종 발생되는 사안이었습니다.

이러한 분위기 속에서 안전을 고려한 준비운동을 거친 다음 크게 구호를 외치며 조깅에 돌입했습니다. 약 40분 동안 4㎞ 정도 달리는 코스이기 때문에 일반적으로 어려운 여건은 아닙니다.

조깅 이후에는 각자 샤워하고 아침식사를 마친 다음 오전 일정이 시작됩니다. 첫 순서는 제가 강사로 나서며 아침 조깅과도 관련 있는 '마라톤은 인생의 축소판'이라는 주제로 강의를 진행합니다.

교육연수생 중에는 아침 조깅에 대해 '강사가 좋아하고 잘하니까', '과시하고 싶으니까', '군림하고 싶으니까'라며, 불평을 쏟기도 하지만, 강의를 통해 아래와 같은 내용을 들은 그들은 대부분 긍정적인 태도로 변했습니다.

여러분, 마라톤은 물론 조깅은 우리의 인생과 닮아 있습니다. 결코 남이 대신 뛰어줄 수 없고, 오직 자신만이 감당할 수 있습니다.

조깅의 경우 스스로의 의지와 최소한의 체력만 있으면 누구든지 가능한 활동입니다. 그러니 각자 현재의 수준과 상태를 점검해 보시기 바랍니다. 그리고 마라톤은 아시다시피 목표 지점에 도달해야 끝이 납니다. 중간에 아무리 빠르게 달려도 목표 지점에 도달하지 못하면 완성할 수 없습니다.

조깅이 체질화되어 있는 저조차도 달리기 시작하는 시점에는 춥기도 덥기도 하고, 오늘은 휴식이 필요하다는 생각도 들고, 몸의 이곳저곳이 쑤시기도 하고, 숨이 가쁘기도 하는 등 조깅을 중단해야 하는 온갖 이유가 머릿속을 맴돕니다. 하루하루 주위 환경이 다르게 느껴지고 그때그때 심신의 상태가 차이가 있습니다.

하지만 규칙적으로 운동하는 사람마다 체험하고 인정하는 부분은 어느 정도 시간이 경과하면 심리적인 불평이 없고, 신체적인 무리도 없이 심신 양면에서 운동을 지원하는 습관이 형성된다는 사실입니다. 이 수준에 이르면 더 이상 운동할 때 특별한 갈등이 일어나지 않습니다. 마음이 편안해지면서 호흡도 가뿐해집니다. 또한 몸은 무의식 속에 관성에 따라 움직입니다. 조깅을 포함해 그동안 내키지 않던 운동은 지속적인 훈련을 통해 체력적인 능력이 확보되고, 이 과정이 반복되면 어느 시점에 자발적으로 몰입하는 상

태에 이르게 됩니다.

운동이 체질화되는 이러한 과정은 인생의 다양한 상황에도 적용할 수 있습니다. 자신의 목표나 계획을 실행하는 데 환경이나 조건을 핑계 삼지 않고 포기하지 않으며, 일단 도전하고 보는 이른바 '저스트 두 잇just do it'의 자세를 배울 수 있습니다.

마라톤처럼 혼자 달리는 길은 외롭기도 하지만 그 과정 속에서 세상의 이치를 깨닫는 데 도움을 줍니다. 춥고 더운, 여러 가지 어려운 여건을 감당해 보면서 삶은 결코 자신의 뜻대로만 움직이지 않는다는 사실도 배우게 됩니다.

그렇게 목표 지점finish line에 도달하면 소금기 어린 땀이 달게 느껴지고, 불같이 뜨거웠던 발바닥은 따뜻하게 변해가며, 천근만근 무거웠던 근육들은 어느새 이완되면서 편안해집니다. 가쁜 호흡을 가다듬고 고개를 들어보면 파란 하늘이 더욱 아름답게 다가옵니다. 삶도 마찬가지인 것 같습니다.

    아침 조깅은 이러한 부분을 공유하기 위한 취지에서 진행하는 프로그램으로 이 경험을 여러분의 회사생활과 일상생활에 적용해 한층 긍정적인 삶을 펼쳐가길 바라고 있습니다.

저는 매일 아침 출근 전 짐gym에 들러 약 1시간 이상 운동을 합니다. 스트레칭도 하고, 러닝도 하고, 웨이트 트레이닝도 합니다. 그렇다고 식스팩이 자리한 멋있는 몸매를 만들려는 욕구나 의도는 없습니다. 다만, 사랑하는 가정은 물론 사회에 기여할 수 있도록 건강한 심신을 유지하고 관리하는 것이 의무라고 생각하기에 꾸준히 운동하는 중입니다. 특히 나이가 들면서 '몸이 재산이다'라는 표현에 전적으로 공감하고 있습니다. 아무리 머리가 좋고, 지위가 높고, 재물이 많아도 건강을 잃으면 아무것도 할 수가 없습니다.

대개 사람들은 운동을 비롯한 새로운 목표를 곧잘 실행하지만, 이런저런 이유로 중도에 포기도 잘합니다. 자신의 목표에 대한 분명한 의식과 확고한 의지가 없으면 행동은 손쉽게 중단되고 맙니다. 일단 시작했으면 끝을 맺는 체험을 단 한 번이라도 경험했다면 다음 기회에는 훨씬 수월하게 목표를 달성할 수 있습니다. 그리고 이 경험에 서서히 익숙해진다면 이제는 무의식 속에 진행될 수 있도록 습관화해야 합니다.

> "
> 우리는 인생의 마라톤을
> 자신의 힘으로 완주해 나가야 합니다.
> 인생의 승리와 패배는
> 자신의 선택이 좌우합니다.
> "

실제로 삶의 목표를 행동으로 실천 중인 사람들의 화법은 대부분 현재형인 반면, 그렇지 못한 사람들은 과거형, 미래형, 아니면 기대형 등의 표현을 이유나 변명 속에 구사한다는 사실을 발견할 수 있습니다. 예를 들면 '그래서 못했습니다', '할 생각입니다', '해야 하는데'라는 표현이 많습니다. 하지만 삶의 목표를 실천 중인 사람들은 이유나 변명 등의 말이 거의 없습니다. 왜냐하면 '지금', '그냥', '하고' 있기 때문입니다.

우리가 목표에 도전할 때 속도, 거리, 시간 등은 주요 평가 요소입니다. 더 빨리, 더 멀리, 더 오래 등의 가치에 사람들은 박수를 보내곤 합니다. 그러나 사람들이 가장 감명받는 부분은 의지와 열정과 희생을 통해 끝까지 포기하지 않고 완결하는 자세입니다. 결과 그 자체보다는 실행하기 어렵고 두려운 과정들을 변명 없이 꾸준히 감당하고 극복하는 신념과 의지는 우리에게 감동을 선사합니다. 나아가 이러한 도전의 사례들은 희망으로 다가가 누군가의 꿈에 새로운 동기를 부여합니다.

바닷가의 파도는 한 번만 몰려오지 않습니다. 끊임없이 밀려들고 물러나는 현상을 지속적으로 반복합니다. 인생의 도전은 물론 시련도 바닷가의 파도처럼 쉬지 않고 우리를 긴장시킵니다. 한 치 앞의 내일도 우리가 기대했던 대로 실현되지 않는 경우가 허다합니다. 우리는 이와 같은 인생의 마라톤을 자신의 힘으로 완주해 나가야 합니다. 인생의 승리와 패배는 오직 자신의 의지가 깃든 선택으로 결정될 수 있다는 엄중한 사실을 되새겨야 합니다.

나와 회사의 비전

움직이기 전까지는 아무것도 바뀌지 않는다

"영어로 'vision', 한국어로 '비전'이라 부르는 단어를 정의해 볼까요?"

이 질문을 직장동료에게 던지면 저마다 훌륭하고 멋있는 답을 찾느라 고민하는 모습을 엿볼 수 있습니다. 하지만 'vision'을 단어 그대로 해석하면 볼 수 있는 능력, 곧 시력을 의미하며, 동시에 미래를 볼 수 있는 통찰력을 의미합니다. 그 관점에서 알아 두면 좋은 영어식 표현이 있습니다. 바로 '20/20 vision'입니다. 시력이 아주 좋을 때 사용하는 관용어입니다.

수많은 회사들이 비전을 갖고 있습니다. 회사의 비전 선언문Vision Statement은 회사의 소유주, 사장, 주주, 임원 또는 컨설팅 회사의 컨설턴트들이 고민하고 노력해서 만들고, 한두 문장 정도로 요약하여 슬로건 식으로 사용합니다. 회사의 비전을 상세히 정의하면 '회사가 나아가야 하는 미래의 방향성이며, 이를 실현하기 위한 구성원의 소명을 제시하는 조직의 공통 언어이자 추진 동력'입니다. 회사의 방향성과 구성원의 존재 이유는 물론 조직의 이해와 소통에 대한 의미가 담겨 있습니다. 이처럼 모두가 함께 수용하고 추구해야 하기 때문에 비전 선언문은 간단명료하게 표현되며, 제시되는 핵심 용어들은 많은 의미를 포괄적으로 표현하게 됩니다.

비전은 여러모로 마음의 등대로 표현할 수 있습니다. 폭풍우 치는 밤에도 뱃길을 인도해 주는 등대와 닮았기 때문입니다.

비전의 전 단계는 꿈입니다. 회사의 창립자들도 처음에는 막연한 꿈에서 창업을 시작하곤 했습니다. 사실 길거리의 유랑자나 노숙인도 과거에는 꿈이 많았겠지요.

진정한 꿈이란 "나는 퇴사 전에 천만 원을 모을 거야!"라거나 "나는 평생을 배부르게 살 거야!"와 같은 개인의 작은 수준이 아닌 달성하기 어려운 목적이나 목표를 갖는 것이 일반적입니다. 그 부분에서 꿈이란 조금 막연하기도 합니다. 하지만 누군가는 그 꿈을 반드시 실현해 냅니다. 반면에 누군가는 일장춘몽처럼 머릿속에 잠시 간직하다가 잊어버립니다.

그렇다면 막연할 수 있는 꿈을 궁극적으로 실현하는 방안, 즉 꿈을 현실과 접목해 구체적으로 추진하고, 마침내 달성할 수 있는 비결은 무엇일까요?

'상대성 이론'으로 유명한 아인슈타인Albert Einstein 박사는 "움직이기 전까지는 아무것도 바뀌지 않는다."라고 말했습니다. 막연한 꿈은 아무것도 변화시키지 못할 가능성이 높습니다. 따라서 구체적인 생각과 고민, 반복적인 실천과 습관 등이 가시화되어야 실질적 변화를 일으킬 수 있습니다.

다시 말해, 꿈의 모습과 내용을 심사숙고하여 마음속에 명확하게 도식화해야 합니다. 동시에 반드시 실현해 내겠다는 의지를 통해 꿈과 현실 사이의 차이를 좁혀가며 난관을 극복하는 방안을 세밀하게 마련해야 합니다. 그 과정에서 반대급부로 생겨날 수 있는 각종 리스크, 곧 시간적, 재정적, 능력

움직이기 전까지는 아무것도 바꿔지 않는다

적 위험에 대해서도 현실적으로 고려하고 실질적으로 분석해야 합니다.

꿈이란 원래 원대하기 때문에 수면 시간도 줄이고, 여가 활동도 못하는 등 선택과 집중 관점에서 희생이 따르게 됩니다. 이는 바로 투자의 개념이기도 합니다. 이러한 투자를 마음의 결단 없이 막연하게 시작하면 중도에 쉽게 포기할 가능성이 높습니다. 그래서 꿈을 실질적으로 실현하기 위해서는 꿈의 성취 계획서를 작성해야 합니다.

꿈의 성취 계획서는 다음의 과정을 거칩니다. 일단 꿈을 목표 차원에서 수치화한 이후 시간표를 그려야 합니다. 그리고 꿈이라는 프로젝트를 매일같이 머리로 상기하며 눈으로도 확인할 수 있도록 준비해야 합니다. 예를 들면 책상에 꿈의 내용들이 적힌 종이들을 붙여 놔도 효과적입니다.

이 정도 준비가 되면 꿈이 실현됐을 때의 행복한 모습을 떠올리면서 열정을 연료로 삼아 그대로 달려가야 합니다. 이때 꿈의 크기와 각자의 상황에 따라 그 목표와 활동은 달라진다는 사실을 인식해야 합니다.

이렇게 꿈을 가시적인 비전으로 명확화하면 다음 단계부터는 구체화가 가능합니다. '어디로 가겠다'는 방향인 비전이 수립되었으니 이제 '어떻게 가겠다'는 방법, 즉 미션mission을 결정할 수 있습니다.

회사들은 비전 선언문과 함께 미션 선언문Mission Statement을 제시하고 있습니다. 특정한 방법으로 비전을 추진하겠다는 구체적인 내용이 미션 선언문입니다. 이 역시 회사의 소유주, 사장, 임원들이 머리를 맞대고 의논하며, 함축적으로 그 내용을 구성원과 주주에게 공유하고 있습니다.

이 과정에는 또 하나의 중요한 요소가 포함되어 있습니다. 바로 핵심가치들core values입니다. 핵심가치는 구성원이 한마음으로 전진하기 위해 중점적으로 강조되는 내용들입니다. 조직 내 공동 키워드로 공유되며 일의 추진력을 발생시킵니다. 그래서 핵심가치는 회사의 문화를 형성하고, 특유의 분위기와 에너지도 결정짓습니다.

이처럼 비전을 중심으로 미션, 핵심가치가 조직 내에 공유되고 합의되면 구성원들은 각 기능과 역할 간 유기적인 소통 속에서 회사의 가치를 내재화할 수 있습니다. 이는 구성원 간 시너지를 일으키며, 일에 대한 강력하고 지속적인 추진력으로 표출됩니다.

상기 과정을 통해서 피상적이고 개념적 단계에 머무를 수 있는 회사의 청사진과 그 틀은 명확하게 가시화됩니다. 그다음에는 회사의 업무 계획과 프로젝트들이 구체적이고 실질적

> "
> 인생의 비전과 미션, 그리고 핵심가치는
> 우리가 칠흑 같은 어두움을 관통할 때
> 등대처럼 환하게 길을 안내합니다.
> "

인 추진 과정을 거쳐 세분화된 후 실천 단계로 이어집니다.

실천 단계의 주요 과정은 중장기 계획long term & mid-term objectives/goals을 수립하고, 1년 예산 및 단기 계획budget & short term objectives/goals을 통해 최종 수행 계획action plan을 실행하는 순서로 진행됩니다.

중장기 혹은 단기 계획을 세울 때는 고려되고 전제돼야 하는 인자들이 있습니다. '핵심 성공지수' 혹은 '핵심 성과지수 KPI: Key Performance Index'가 그 인자들로 개념들은 대동소이합니다.

여기서 핵심 성과지수는 기대하는 결과를 도출하기 위해 평가해야 하는 핵심 요소들입니다. 이는 정량화된 목표치로 설정된 지수 및 지표들이며, 관련 구성원들과 공유하고, 업무수행 시 반드시 고려해서 추구할 수 있도록 강조되어야 합니다.

그리고 핵심 성과지수는 실제 업무 기록을 중심으로 내외적 환경들을 제대로 이해하고 분석한 후 성과를 가장 효과적으로 표현하고 평가할 수 있는 지수나 지표를 신중하게 판단하여 제시해야 합니다.

추가적인 유념 사항은 업무 주관자owner와 마감일deadline의 설정입니다. 업무를 추진할 때 업무 주관자, 보조 지원자, 직무과제task 내용, 최종 책임자는 프로젝트 시작 전부터 확실히 선정되고, 서로에게 공유되어야 업무 종결 후 책임 소재가 분명해집니다. 또한 여러 부서와 관리자가 공동으로 추진하는 업무는 마감일 개념이 명확해야 부서들 간 화합과 업무 효율을 높일 수 있습니다. 이러한 부분들은 규모가 크고 경쟁력을 갖춘 회사일수록 체계적인 시스템으로 갖추어져 있고, 결과에 대한 평가 및 상벌도 객관적, 정량적으로 형평성에 맞게 적용되고 있습니다.

꿈의 실현과 비전의 효과적인 실천을 위해 회사에는 동일 문화와 가치의 공유, 소통의 장과 공감대 형성, 이를 위한 제도와 시스템 구축이 필요합니다. 추가로 경영진들의 솔선수범은 물론 구성원을 대상으로 비전 중심의 지속적 교육과 반복적 홍보도 필요한 요소들입니다.

일부 구성원은 비전을 거론하면 자신과는 상관없는 경영

진만의 관심사로 생각하거나, 현실적으로 동떨어진다고 판단하면서 의미를 부여하지 않습니다. 그 이면에는 다양한 이유가 있습니다. 비전이나 미션이 허황되다든지, 진실성이 부족하다든지, 미래 지향적이지 못하다든지, 아니면 노력 투자 대비 가치 수익ROI: Return On Investment의 모습이 그려지지 않기 때문일 수도 있습니다.

그 가운데 회사에 부정적인 구성원은 "도대체 우리 회사 비전이 무엇입니까?" 혹은 "우리 회사는 비전이 없어요."라고 불평하기도 합니다. 이 경우에는 "그렇다면 여러분의 비전은 무엇인가요?"라고 반문할 수 있습니다. 이 질문에 대다수 우물쭈물하거나 형식적인 답변을 흘리고는 합니다. 가장 의미 깊게 각인되어 있어야 하는 자신의 비전조차 제대로 갖추지 못한 상태에서 타인과 회사의 비전을 의심하거나 비난하는 자세는 적절하지 못합니다.

꿈에서 시작해 적극적인 행동으로 옮기고 마침내 결실을 맺는 위의 과정을 요약하면 다음과 같이 얘기할 수 있습니다.

"일단 꿈을 그려보세요. 그 꿈에 인생의 목적을 펼치고, 구체적으로 미래를 영상화하면 비전과 미션이 준비됩니다. 비전과 미션에 시간의 개념을 넣으면 목표가 나타나며, 목표를 세부적으로 나누면 계획들이 생깁니다. 이제 이 계획들을 실천에 옮기면 결과와 성과를 기대해 볼 수 있습니다."

인생의 목적 위에 비전, 미션이 마음속 주춧돌로서 튼튼히 받치고 있다면 어떠한 계획들도 분명하고 구체적인 방향성을 갖고 실천할 수 있습니다. 설사 도중에 자신이 행하는 일이 어렵고 힘들어 방향과 방법을 잃었다 하더라도 낙담할 필요는 없습니다. 자신의 비전이, 또 미션과 핵심가치가 마음의 등대처럼 환하게 길을 안내하기 때문에 다시 나아갈 수 있습니다.

여러분들은 지금 이 시간 인생의 목적, 그리고 목표 지향점에 얼마나 가까이 접근하셨나요?

뒷담화

메리가 존의 아이를 임신했다?

우리는 저마다 마주한 환경 속에서 매일 수많은 정보를 접하며 살아갑니다. 특히 인터넷과 SNS가 고도로 발달한 지금은 천문학적인 양의 정보가 순식간에 생산되고 실시간으로 유통됩니다. 그 가운데 우리는 정보의 진실 여부와는 관계없이 내용을 중심으로 일시적인 기쁨, 분노, 슬픔, 즐거움 등의 다양한 감정에 사로잡히곤 합니다. 정보마다 진실을 반영하는 것이 올바른 모습이지만, 실상은 비윤리적이고 불법적으로 사실을 왜곡하는 내용이 상당합니다.

그 관점에서 조직 내 뒷담화가 생성되는 과정과 특징을 살펴보고자 합니다. 뒷담화의 소재는 대부분 타인이며, 그들의 상황과 연관되어 있습니다. 뒷담화의 최초 생산자는 대부분 비겁하게 숨어서 타인을 향한 부정적인 분위기를 조장합니다. 뒷담화는 보통 호기심을 유발할 수 있는 흥미로운 스토리로 재구성되며, 타인을 비방하는 내용이 주를 이룹니다. 게다가 권모술수가 녹아 있는 부정적인 스토리 속에 설득력과 타당성도 갖추고 있어 그 내용이 주위의 관심을 유발하기에 매우 자극적입니다. 뒷담화의 일차 고객들인 유포자들은 평소 열등의식, 경쟁의식, 비교의식 등을 통해 욕심, 질투, 불안, 불만, 분노 등의 부정적 감정이 적잖은 편입니다. 그들은 '아니면 말고!' 식의 태도로 뒷담화의 대상인 조직 구성원에게 치명적인 피해를 입히기도 합니다.

실제로 미국 회사에 근무하며 그와 같은 상황을 종종 경험할 수 있었습니다. 일례로 메리와 존의 사건이 기억납니다. 메리와 존은 한 부서에서 함께 업무를 추진하는 직장동료로 친근한 관계를 유지하고 있었습니다. 그러던 어느 날 한 여직원이 제게 찾아와 충격적인 이야기를 전달했습니다.

"지금 사무실에는 메리가 존의 아이를 임신했다는 소문이 파다합니다. 동일 부서 내 유부남과 연애하고, 아이를 임신했다는 사실은 회사 규정상 심각한 사안이라 생각돼서 알려드립니다."

그 후 연관된 구성원들을 비밀리에 대면하는 한편, 그 소문의 진원지를 역추적했습니다. 그 결과 메리를 몹시 싫어하던 타 부서의 한 여직원이 수개월에 걸쳐 교묘하게 스토리를 꾸며내 퍼뜨렸다는 사실을 확인할 수 있었습니다.

마치 드라마 같았던 해당 사건으로 메리를 음해한 여직원은 해고되었고, 메리와 존은 각각 다른 부서로 인사 발령을 받았습니다. 하지만 뒷담화가 초래한 구설수 때문에 유능하고 명랑했던 메리는 정신적 고통 속에서 결국 자진 퇴사하게 되었습니다.

최근 4차 산업혁명을 불러온 첨단기술이 나날이 발전하며 불필요한 정보가 넘쳐나고 있고, 그 가운데 불순한 의도나 관심을 사로잡기 위해 사실과 무관한, 또는 왜곡된 가짜 정

메리가 존의 아이를 임신했다?

보fake information들이 사람들을 혼돈에 빠뜨리고 있습니다.

이는 개별 온라인 네트워크를 통해 급속도로 전파되고, 그 과정 속에 각 내용은 점점 변형돼 나중에는 전혀 다른 내용으로까지 변질되고 맙니다. 우리는 이와 같은 오염된 상황을 어렵지 않게 경험하며 살아가고 있습니다.

여기서 가짜 정보를 비롯한 악성 루머의 최초 생산자와 추가 유포자는 마녀사냥식으로 특정 인물을 비난하고 매도하는 행위를 서슴지 않고 자행합니다. 거기에 시달린 특정 인물은 극도의 정신적 고통 속에 우울증, 대인기피증, 공황장애 등으로 괴로워하며 급기야 스스로 생을 마감하기도 합니다. 총칼만 들지 않았을 뿐 이미 온라인 공간 속에는 살인, 성폭력, 명예 훼손 등의 극악한 범죄들이 난무하고 있습니다.

정도의 차이는 있지만 회사에서도 유사한 경우가 발생합니다. 사내 뒷담화를 생산하고 유포하는 구성원들은 못마땅한 직장동료, 경쟁 상대, 회사 정책과 문화 등을 주요 대상으로 그동안 쌓여 있던 불만, 분노, 질투, 모멸, 좌절 등을 은밀한 비난 속에 발산합니다.

이러한 뒷담화로 구성원 간 부정적인 관계, 부서 간 소통의 부재, 조직의 사기 저하 등이 발생하며 최종적으로 회사의 생산성과 경쟁력에도 악영향을 미칩니다. 설상가상으로 보안이 유지돼야 하는 사안들이 세상에 공개되는 경우가 생기기도 합니다.

그렇다면 조직 내 뒷담화와 그 부작용을 최소화하기 위해 필요한 요건은 무엇일까요.

첫째, 소통이 원활한 조직이 구현돼야 합니다. 경영진은 회사의 미래 방향성 관련 전략, 정책, 제도, 운영 등에 대해 전 구성원과 투명하고 일관되게 소통하는 문화를 구축해야 합니다. 이러한 소통이 부재할 경우 구성원은 조직을 제대로 이해하지 못한 채 추측과 혼란에 빠지게 됩니다.

둘째, 톱다운top-down 방식의 수직적, 일방적, 강압적 분위기가 근절돼야 합니다. 이 분위기에서 충실한 논의와 제안이 자유롭게 오가기는 어렵습니다. 실제로 지위와 권한이 제한적인 구성원은 원만한 회사생활을 위해 웬만하면 상사에게 동조하는 경우가 적지 않습니다. 이때 그들은 솔직한 생각과 마음을 뒷담화를 통해 표출하는 이중적 행동을 보이기도 합니다.

셋째, 회사의 업무나 역할과 관계없는 사조직은 지양돼야 합니다. 회사의 방침에 따른 사내 동호회는 유익하지만, 조직의 방향성과 필요성에 기초하지 않은 사조직은 그들만의 환경, 관심, 이익 등과 관련되며 여론 조성, 뒤 봐주기, 세력

> "
> 투명성과 통일성을 추구하며
> 수평적 소통으로 취합된 조직 분위기를 형성한다면
> 사내에 뒷담화가 생성되기 어렵습니다.
> "

규합 등을 일삼는 모습으로 자리하기도 합니다. 이러한 사조직은 구성원에게 묵시적 동맹이나 협조를 기대하며, 그들의 계획이 틀어지면 누군가를 따돌리고 모함하는 행위를 서슴지 않습니다.

대다수 미국 회사는 개별적, 외향적, 직설적 분위기를 갖고 있습니다. 저마다의 프라이버시를 존중하고, 다인종 사회 속에서 차별의 심각성을 깨닫고 있으며, 법적인 부담 때문에 뒤에서 음해하는 경우가 한국보다 적습니다.

대신 자신의 주장과 의견을 명백히 밝히고, 필요하면 상대를 공개적으로 비판합니다. 치열한 논쟁 속에서도 개인적 감정을 배제하는 데 익숙합니다. 그리고 체면과 위신보다는 자신의 주체성과 상황의 사실성을 더욱 중요하게 생각합니다.

다만, 미국 내 한국계 회사들의 경우 한국인 1세, 1.5세, 2세, 미국인, 외국인 등 다양한 인종, 세대, 문화, 가치가 어우러져 있어 이해와 소통이 부족하고, 오해와 편견이 발생하곤 합니다. 여기에 피상적, 내향적, 은유적 한국식 사고방식과 함께 종종 나이, 지위, 재력 등의 비교 잣대가 추가되기도 합니다. 그 때문에 공개적 비판은 꺼리고 자신의 부정적 생각과 마음을 담아 두었다가 추후 상황과 관련 없는 구성원에게 하소연하는 사태가 발생하며, 그 과정 속에서 뒷담화가 생산되고 유포됩니다.

뒷담화 없는 건강한 조직을 구현하기 위해 핵심적인 역할을 수행할 존재는 사장을 비롯한 경영진입니다. 조직의 구성원은 회사의 비전과 가치는 물론 경영진의 활동과 언행을 주시하며 회사의 수준과 미래를 예측합니다. 따라서 투명성과 통일성 속에 업무가 운영되는 가운데 경영진이 솔선수범과 구성원과의 수평적 소통으로 화합된 조직 분위기를 형성한다면 사내에 뒷담화가 쉽사리 생성될 수 없습니다. 서로 신뢰하고 협력하는 조직 분위기라면 스스로 숨거나 웅크리지 않을 것이고, 타인을 짓밟고 앞서겠다는 생각도 드물 것입니다.

급여와 동기부여

모든 것이 마음먹기에 달려 있다

'먹기 위해 사는가? 살기 위해 먹는가?'라는 철학적 질문은 '벌기 위해 사는가? 살기 위해 버는가?'라는 현실적 논제로 변형할 수 있습니다. 대부분 '살기 위해 번다'라고 대답할 듯합니다. 하지만 인생 전반을 일에만 집중하다가 노년에 후회하는 사람들도 꽤 있습니다.

그렇다면 어떻게 벌어야, 또 얼마나 벌어야 품위 있고 의미 있는 삶을 실현할 수 있을까요.

조직에서 급여는 인사관리의 주요 항목으로 면접 후 오퍼와 협상을 통해 결정되는 인재 채용 조건 중 핵심 사항입니다. 일반적으로 구성원의 급여는 '구성원의 능력 + 업무 수행 결과 + 미래 잠재력'이란 역량의 합산을 돈으로 정량화시킨 지표입니다. 이는 구성원의 퇴사 시점까지 지속적인 조정이 적용된 역량의 합산을 기준으로 돈을 지급하겠다는 계약이기도 합니다.

입사 전 채용 후보자가 회사와 협의한 후 결정된 급여는 양면성을 갖고 있습니다. 채용 후보자는 채용 시장에서 자신의 금전적 가치, 구직 관련 절박성, 재정적 여유 및 수준 등을 바탕으로 설정한 급여 수준을 희망합니다. 반면 회사는 조직 내 동일 수준 구성원과 역량 비교, 근무 지역 채용 상황, 동종업계 인력 수급 현황 등을 근거로 책정한 급여 수준을 제시합니다.

입사 후에는 인사 제도와 더불어 직속 상사, 또는 부서 동료의 정기적 업무평가가 급여에 반영됩니다. 이는 직무 관련 역량과 성과, 조직문화 접근도, 근무 태도 및 성품 등을 주 항목으로 전 구성원을 상대적으로 평가하며, 해당 구성원이 조직에서 어느 정도 미래적 가치를 지니고 있는지 종합적으로 판단해 급여를 조정합니다.

대다수 미국 회사는 업무평가 시 전문성 기반 업무 역량과 함께 정량적 업무성과를 중요한 급여 조정 지표로 간주합니다. 그런가 하면 한국 기업, 혹은 미국 내 일부 한국계 기업의 경우, 업무성과뿐 아니라, 근무 태도, 업무의 양과 시간 등의 정성적인 지표들이 포괄적으로 포함하는 경우가 많습니다.

이중 특정 급여 조정 방법이 낫다고 판단할 수는 없습니다. 무엇보다 각 회사의 경영철학, 조직문화, 핵심가치 등이 제대로 반영된 급여 관리 시스템 구축이 우선돼야 합니다. 궁극적으로 회사가 추구하는 목표는 최적의 평가가 반영된 급여 관리 시스템을 통해 구성원의 사기 진작, 동기부여, 재정 안정을 제공하는 것이기 때문입니다.

정리하면 급여란 회사와 구성원 간 금전적 계약이며, 상호 협의 기간 동안 회사의 요구와 기대에 대해 구성원이 직책에 따른 역할과 과제를 자신의 역량과 기술을 활용해 어느 정도 달성하는지 평가한 후 이를 기준으로 지급되는 반대급부라고 정의할 수 있습니다.

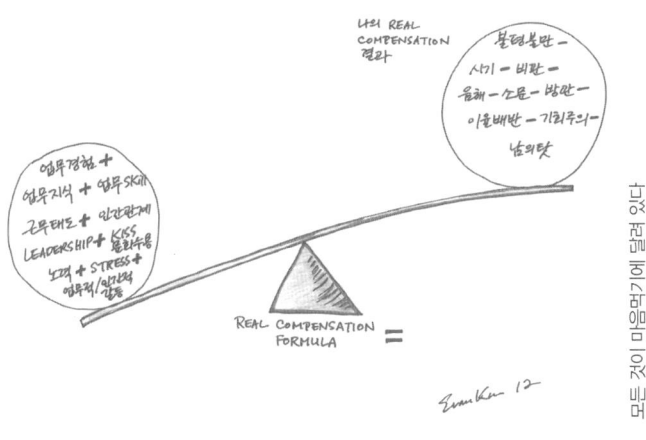

아울러 구성원 각자의 업무 시 역량, 성과, 태도뿐 아니라 회사의 성장성과 재정적 안정성은 물론 근무 지역 채용 상황과 동종업계 인력 수급 현황, 사내 부서 간, 구성원 간 형평성도 고려되는 만큼 상대성, 주관성, 민감성 등의 이슈를 내포하는 쉽지 않은 부분입니다.

다음은 직접 경험했고, 실제로 종종 발생하는 사례입니다.

매사 의욕적인 자세로 업무에 충실하게 임하던 한 구성원이 기대 이상의 성과를 달성해 상당 수준 급여가 인상되었습니다. 그래서 회사에 만족하고, 상사에게 감사하며 더욱 열정적으로 일했습니다.

하지만 어느 순간부터 자꾸만 불만 가득한 모습을 나타내기에 면담을 하게 되었습니다. 이유는 유사한 직급과 경력으로 비슷한 업무를 수행하는 타 부서 구성원이 자신보다 역량과 성과가 미흡한데도 불구하고 급여가 더욱 높다는 사실을 알았기 때문입니다.

그는 원래 회사와 자신의 관계 속에서 절대적, 객관적 가치 기준을 적용해 긍정, 만족, 감사의 마음을 가졌습니다만, 비교 대상이 생기면서 상대적, 주관적 가치 기준이 적용돼 긍정이 부정으로, 만족이 불만으로, 감사가 불평으로 변하게 되었습니다.

> "
> 일체유심조一切唯心造는
> 모든 것이 마음먹기에 달려 있다는 표현입니다.
> 급여의 많고 적음도 중요하지만,
> 자신의 원칙과 목표를 중심으로 활동할 때
> 우리는 더욱 행복한 회사생활을 영위할 수 있습니다.
> "

그런가 하면 다음과 같은 사례도 있었습니다.

3년 동안 업무 역량, 성과, 태도가 우수한 구성원에게 회사는 상여금을 지급했습니다. 3년 전에는 훌륭한 실적에 대한 평가로 상당 수준의 상여금이 지급되었고, 당시 그 구성원의 만족도와 동기부여 수준은 매우 높았습니다. 2년 전에도 유사한 성과를 달성했기에 평가에 따라 지난해와 동일 수준의 상여금을 지급했고, 그에게도 충분한 동기부여가 되었습니다. 다만, 1년 전에는 활동이 우수했지만 기대치에는 못 미쳤기에 평가를 통해 2, 3년 전보다는 낮은, 그러나 타 구성원보다 높은 평균 이상의 상위 상여금이 지급되었습니다.

1년 전 상여금에 대해 그 구성원은 매우 부정적으로 받아들였습니다. 그는 앞서 2년 동안 지급받은 상여금에는 긍정,

감사, 만족을 표출했지만, 어느새 그 상여금은 당연한 권리에 대한 최소 기준치baseline로 인식되었고, 그보다 낮은 액수는 이유와 무관하게 불편하게 받아들이게 되었습니다.

회사에서 구성원의 가치는 직책과 직무, 책임과 권한, 연봉과 보상 등으로 표현될 수 있습니다. 그중 급여와 같은 정량적 지표는 대단히 중요하고 필요합니다.

하지만 회사생활을 통해 느끼는 보람, 행복, 의미 등은 급여뿐만 아니라 형이상학적인 정성적 요소들도 영향을 미칩니다. 회사 관련 경험이 풍부한 지혜로운 구성원 중에는 어렵고 힘들며, 불공평하고 불합리한 상황을 이해, 수용, 극복하는 가운데 정량적인 기준으로 회사생활하는 구성원과는 차별화된 인재로 조직에서 평가받기도 합니다.

어차피 완벽한 회사나 자신에게 적격인 회사가 없다면 긍정, 만족, 감사의 자세와 언행으로 난관을 돌파할 때 새로운 기회와 자리를 마련할 수 있습니다.

조직 관리 측면에서도 급여는 긍정적 조직 분위기와 구성원의 자발적 동기부여에 기여하는 주요 사항입니다. 그렇다고 급여가 전부는 아닙니다. 긍정적 조직 분위기는 급여 이외에도 공감 속 회사의 비전과 문화, 경영진과 관리자의 탁월한 리더십, 효율적이고 효과적인 의사소통 및 의사결정 구조,

평가제도 이해와 직무교육 만족 등의 요소들이 총체적이고 유기적으로 관여될 때 구현될 수 있습니다. 여기에 구성원의 가치관과 마음가짐도 간과할 수 없는 요소입니다. 구성원이 회사를 지배와 종속 관계로, 필요를 충족하려는 수단으로, 급여를 노동에 대한 대가로만 생각한다면 만족스러운 회사생활은 어려울 수 있습니다.

또한, 자발적 동기부여는 급여의 수준이 영향을 미치긴 하지만 지속성의 관점에서는 확신하기 어렵습니다. 왜냐하면 보편적으로 구성원은 급여를 절대적 가치보다는 비교와 경쟁에 따른 상대적 가치로 생각하기 때문입니다.

우리가 먹고살려면 당연히 급여 같은 소득이 필요합니다. 하지만 급여의 수준과 내용에 앞서 회사생활에 매진하는 이유와 방법을 본질적인 부분부터 확립한다면 생계를 넘어 행복에도 이를 수 있습니다.

일체유심조(一切唯心造)는 모든 것이 마음먹기에 달려 있다는 표현입니다. 급여의 수준도 중요하지만, 조직에서 근무하는 이유를 단순히 급여 수준에만 대입하지 말고, 자신만의 다양한 동기부여 항목과 조직에서 성공하는 미래를 생각하며 업무에 임한다면 더욱 보람되고 의미 있는 회사생활을 영위할 수 있습니다.

다양성과 포용성

나는 과장이 아니라 과장님입니다!

　미국 회사들은 구성원의 평가나 관리 시 주로 능력과 실적 등을 중시하되 구성원의 직급이나 호칭에 대해 그다지 의미를 부여하지 않습니다. 반면 한국 회사, 혹은 미국 내 한국계 회사에서 호칭은 보다 신경 써야 하는 사항입니다. 그 이유는 문화적, 언어적 차이에서 찾아볼 수 있습니다.

　영어에는 존댓말을 비롯한 존칭과 경칭이 적은 편입니다. 그래서 미국 회사에서 상대를 호명할 때 일반적으로 직급과 상관없이 성이 아닌 이름first name base으로 부르곤 합니다.

　하지만 한국 회사는 성에 직급을 붙이고 끝에 존칭을 더해 부릅니다. 이를테면 '김 + 과장 + 님'의 형태입니다. 물론 지금은 한국 회사도 연봉제와 팀제가 자리잡는 가운데 호칭 제도에서 생기는 조직의 부작용을 제거하고자 노력하고 있지만, 아직은 한국 내 사회적 정서와 유교적 배경 때문에 적용이 여의치 않고 시행착오를 겪는 상황이 곧잘 목격됩니다.

　미국 내 한국계 회사도 예외는 아닙니다. 예전에 근무했던 미국 내 한국계 회사에서는 한국인 과장끼리 대화하던 중 어느 나이 많은 과장은 나이 작은 과장이 '님'을 붙이지 않았다고 무시당했다며 인사팀에 정식으로 항의하기도 했습니다. 나이 작은 과장은 직급과 호봉도 동일한데 나이를 이유로 '님'을 붙이는 한국적인 관례는 회사에서 적절치 않다고 항변했습니다.

　이는 관점에 따라 단순하고 소모적인 측면도 있지만 가볍게 여길 수만은 없는 사안입니다. 사실 어떤 조직도 '님'이라는 존칭 없이 직급만 부른다고 틀렸다고 얘기할 순 없지만 한국 사회와 회사에서 조직 내 호칭은 자존감이나 자존심과 연관된 매우 중요한 이슈입니다. 그래서 당시 인사팀에서 추가적인 노력과 시간을 들여 상호 협의 속에 상황을 원만하게 해결해 나갔습니다.

　사실 한국적인 정서와 배경이 자리한 수직적 조직은 안정적인 지휘 체계, 명확한 책임과 권한 구조를 갖추고 군대처럼 일사불란하게 운영되는 장점도 있습니다. 반면 이러한 조직문화는 위신과 체면 등이 포함된 관료주의가 팽배할 수 있기에 이를 타파하고 성과 위주의 조직 경쟁력을 갖추려면 수

평적 조직으로 신속히 변화해 나가야 합니다.

최근 한국 회사는 사회적인 변화와 MZ세대들의 사고방식이 기존의 한국적인 정서나 배경과 맞물리며 함께 공존하기 위한 과정을 겪는 중입니다. 그 속에서 신구 세대 간 갈등이 노출되는 과도기적 모습이 나타나기도 합니다. 이때 그간의 제도와 문화, 가치와 역사를 충분히 반영하지 않고, 조직 체계를 변혁하면 예기치 못한 부작용에 봉착할 수 있습니다. 그 때문에 변화 이전의 모습으로 돌아간 한국 회사도 상당수입니다.

저는 직급과 호칭에 대해 관심의 수준을 넘어 조직 내 자신의 존재 이유라며 극히 중요하게 생각하는 구성원을 마주할 때면 다음과 같이 우스갯소리도 합니다.

"지금 A회사에서 '김철수 부장님'으로 불리지만, 당장 남대문시장에 방문해 '내가 A회사에서 일하는 김철수 부장입니다'라고 크게 외쳐 보세요. 과연 그 직위에 관심 갖는 사람이 몇이나 있을까요?"

회사에서 목숨 걸고 쟁취하려는 직급이나 직위가 남대문시장에서 무가치하게 변하는 이유는 간단합니다. 사람들이 활동하는 사회생활의 반경은 생각만큼 넓거나 크지 않기 때문입니다. 우리는 극히 제한된 시대, 장소, 환경 속에서 각자 사회인으로서의 모습을 실현해 나가고 있습니다.

현실적으로 미국 내 한국계 회사의 상당수는 '다민족', '다문화' 조직입니다. 한국인 1세대, 1.5세, 2세대와 함께 미국인은 물론 다양한 이민자와 연령층이 공존하며, 한국과 미국의 문화, 정서, 가치 등이 혼재되어 있습니다. 따라서 다양한 환경과 요소를 충분히 고려해야 발전적인 조직문화를 구축할 수 있습니다.

실제로 구성원의 특색이 다양한 다민족, 다문화 조직은 이른바 외인구단 같은 느낌이 들기도 합니다. 그래서 회사 비전과 공동 목표를 공유하는 것이 일반적인 회사보다 한층 중요할 수밖에 없습니다.

> "
> 사소한 호칭이 조직에 미치는
> 영향을 고려할 수 있다면
> 다양성과 포용성이 유연하게 공존하는
> 글로벌 회사를 세워갈 수 있습니다.
> "

 이를 위해 다민족, 다문화 조직은 다양성을 존중하는 가운데 회사의 정책, 조직도, 직급체계, 인사제도, 업무 규정 및 절차 등을 구축해 나가야 합니다. 그 핵심은 구성원 간 이질적 속성heterogeneous을 바탕으로 동질적 속성homogeneous의 조직에는 내포되지 않은 복합적인 사안을 세심하게 고려해 나가야 한다는 점입니다.

 우리가 요리를 할 때 아무리 훌륭한 재료를 사용하고 특별한 레시피를 적용하더라도 손맛을 통해 조화롭게 최적의 간을 맞추지 못하면 맛있는 음식이 탄생하지 않습니다. 조직 내 인사와 관리도 같은 개념입니다. 사회에 산재한 훌륭한 지식, 기술, 태도를 갖춘 다양한 역량의 인재를 선발한 후 조직의 성공을 위해 조화롭게 소통, 이해, 협력하며 맛있는 음식, 그러니까 경쟁력 있는 조직을 구축해 나가야 합니다.

어쩌면 완벽한 조직이란 현실이 아닌 이상일 수도 있습니다. 그러나 구성원이 유기적으로 화합할 수 있도록 회사의 CEO, 임원, 관리자들이 진심을 다해 존중, 이해, 양보, 배려, 나눔을 실천한다면 조직은 다민족, 다문화 속에서도 회사 비전과 공동 목표를 향해 합심해서 전진할 수 있습니다.

그 관점에서 '님'의 의미는 중요합니다. '님'이라는 호칭을 붙이지 않았다고 조직이 크게 소란스러워도 안 되겠지만, '님'이라는 호칭이 조직에 미치는 사소한 영향조차도 고려할 수 있다면 다양성과 포용성이 유연하게 공존하는 글로벌 회사를 오롯이 세워갈 수 있습니다.

의사소통과 경청

임금의 귀와 열 개의 눈을 갖고 하나의 마음으로 듣는다

제가 근무했던 회사 중에는 주요 고객층이 여성이며, 구성원 역시 여성의 비율이 상대적으로 높았던 조직이 있었습니다. 저는 그 회사에서 인사와 조직 전반을 관장했던 만큼 다양한 이유로 구성원과 면담하는 시간이 많았습니다. 당시 여성 구성원과 면담할 때는 더욱 정성을 기울였던 기억도 납니다.

제 사무실 한편에는 늘 티슈가 비치되어 있었습니다. 저를 찾아오는 여성 구성원의 상당수는 기쁘고 즐거운 일보다는 어렵고 불편한 사안을 얘기했고, 대화 중 속상한 감정을 이기지 못해 눈물을 흘리는 경우가 많았기 때문입니다. 그러다 보니 여성 구성원이 찾아오면 일단 티슈부터 확인하는 버릇이 생겼습니다.

그동안 수많은 면담을 진행했지만, 특별히 긴장되는 경우는 구성원이 서론이나 배경 없이 눈물만 흘리며 흐느끼거나 분노부터 표출하며 흥분할 때입니다. 그때마다 구성원이 상담 내용을 충분히 전달할 수 있도록 편안한 분위기를 조성하는 것이 우선 과제였고, 이를 위해 구성원을 향한 존중과 온유, 연민과 공감으로 경청하는 자세가 요구되었습니다.

우리는 의사소통communication이라는 단어를 자주 사용하지만, 실제로는 용어의 남용으로 그 중요성이 희석되고 있어 안타깝기도 합니다. 일상생활이나 사회생활 속에서 수많은 갈등이 의사소통 관련 문제로 발생합니다. 이혼의 주요 사유 중 하나도 의사소통 관련 문제이고 회사 내 구성원 간 불협화음 역시 마찬가지입니다.

의사소통이란 메시지를 주는 사람과 받는 사람, 메시지의 내용과 전달 방법(구두, 전화, 이메일 등), 마지막으로 그 메시지에 대한 반응이나 답변feedback, 이렇게 5가지 요소로 구분할 수 있습니다.

아울러 자신의 생각, 뜻, 감정을 더욱 명확히 전달하려면 언어 이외에 표정, 자세, 억양, 제스처 등 비언어적 요소를 함께 표현하고, 전달 방법도 전략적으로 사전 기획하면 효과적입니다.

이때 제가 주로 사용하는 기본적이면서도 가장 확실한 방법은 육하원칙을 따르는 것입니다. 5W 1H라고도 부르는 육하원칙은 누가, 또 누구에게who, to whom, 무슨 내용을what, 왜why, 언제when, 어디서where, 어떻게how로 구성되어 있으므로 이를 제대로 활용한다면 핵심 내용을 일목요연하게 상대방에게 전달할 수 있습니다.

조직 내 의사소통은 소설이나 수필처럼 감정에 호소하는 내용이 아니라 전문적인 업무 위주의 내용이 대부분입니다. 그리고 조직 내 의사소통의 궁극적인 목표는 기한 내에 관계자들이 전달 내용을 정확히 이해하는 것입니다. 따라서 의사소통 관계자들에게 핵심 정보를 효과적으로 전달하는 방법과 절차의 구축이 매우 중요합니다. 예를 들어 회의를 주관하는 메시지를 전달한다면 다음의 과정이 수반됩니다.

① 회의를 주관하는 주체 결정(자신을 포함한 가장 적합한 대상 확인)
② 메시지 수신자의 선정(특정 구성원 혹은 불특정 다수)
③ 메시지 내용 정리(설득력 있는 전달 배경과 목적 기재)
④ 메시지 수신자의 반응 예상 및 사전 대비
⑤ 회의의 최종 목적과 기대효과 정의(교육용, 공지용, 의사결정용 등)
⑥ 메시지를 전달하는 시간, 장소, 방법 결정
⑦ 메시지 호소력 극대화를 위한 전략적 기획(사내 홍보와 마케팅 등)

이처럼 회사에서 공지 사항 발표, 서면 제안, 혹은 이메일

의사소통 시에는 신중한 준비가 필요합니다. 목적은 명료합니다. 전달 내용을 최대한 간단하고, 명확하게, 또 소신 있게 준비해 상대방이 짧은 시간에 쉽게 이해하고, 가능하면 전달 내용에 동의하는 것입니다.

그 관점에서 전달 내용을 준비할 때 항상 상대방의 입장을 고려한 후 필요하면 상대방의 시각에서 전략적으로 수정해 나가야 합니다. 왜냐하면 역지사지로 자신의 입장보다 상대방의 생각을 헤아리고 예측하면, 상대방을 설득할 수 있는 해답이 나타나는 경우가 많기 때문입니다. 이는 의사소통 관련 준비 시 오랫동안 지켜오는 저만의 원칙입니다. 여기에 비중을 두는 또 다른 이유도 있습니다. 직장동료가 주관하는 회의나 발표 내용을 듣거나 보면서, 혹은 업무 관계자가 발신한 이메일을 수신하며 내용뿐 아니라 준비 상태는 물론 그 사람의 생각과 역량까지 간접적으로 평가할 수 있습니다. 이 원리는 결국 자기가 주관하는 회의나 발표, 이메일 등도 늘 누군가에게 노출되고 평가받고 있다는 것을 의미합니다.

상식적이기는 하지만 의사소통 시 가장 중요하고도 어려운 부분은 경청입니다. 이는 사람에게 입이 하나고, 귀가 둘인 이유에서 상징적으로 해석할 수 있습니다. 입은 말할 때, 먹을 때, 숨 쉴 때 등 다양한 용도로 활용되지만, 귀는 온전히

임금의 귀와 열 개의 눈을 갖고 하나의 마음으로 듣는다

듣는 용도로 사용됩니다. 그만큼 경청은 특별합니다.

한자어인 경청은 한자에 따라 크게 두 가지 뜻을 담고 있습니다. 우선, '경청敬聽'의 뜻을 풀이하면 '공경하며 듣는다'이고, 또 다른 '경청傾聽'의 뜻을 풀이하면 '마음을 기울여 듣는다'입니다. 여기서 '듣는다'는 의미의 청聽이라는 한자는 '귀이耳', '임금왕王', '열십十', '눈목目', '한일一', '마음심心'이 합한 글자로 "임금의 귀와 열 개의 눈을 갖고 하나의 마음으로 듣는다."라는 의미를 담고 있습니다.

최초에 청聽이라는 글자가 어떻게 생겨났는지는 모르지만 들여다볼수록 의미가 남다르다고 생각합니다.

경청에 대해 생각하다 보면 '지식은 말하려 하고 지혜는 들으려 한다'는 탈무드의 명언이 떠오릅니다. 이에 공감하며 일상생활과 사회생활 속에서 말을 제대로 듣는 것이 하는 것보다 훨씬 어렵다는 현실을 실감했습니다.

사실 동일한 메시지를 여러 사람이 동시에 들으면 똑같은 내용으로 이해해야 되지만 저마다 다르게 이해하는 경우가 적지 않습니다. 이러한 의사소통의 문제가 생기는 이유는 무엇일까요?

첫째는 모든 상황을 자기 위주, 자기 입장, 그리고 자기 이익을 위해 해석하려는 경향이 있기 때문입니다. 이 경우 대화 시 듣고 싶은 내용만 듣거나 들리게 됩니다.

둘째는 상대방에 대한 관심과 애정이 없기 때문입니다. 그래서 한 귀로 듣고 다른 귀로 흘려 버립니다. 눈을 마주하고 고개도 끄덕이며 경청하는 듯하나 속으로는 다른 생각을 하고 있습니다.

셋째는 상대방의 상황과 마음을 헤아리는 상대 존중의 자세를 갖추지 못했기 때문입니다. 저는 구성원 교육 시 상대 존중 관련 다음의 내용을 자주 활용합니다.

'이해'라는 의미의 영어 'understanding'은 'under'와 'standing'으로 구분되고, 그 의미를 '아래에 선다'로 해석할 수 있습니다. 이때 '아래에 선다'의 의미는 나를 낮춘다는 뜻으로 상대 존중의 개념입니다. 이러한 태도를 갖춘다면 진정으로 상대방의 말을 경청하고 이해할 수 있습니다.

넷째는 '직설적low context'과 '은유적high context'의 차이를 이해하지 못하기 때문입니다. 여기서 문맥, 맥락 등을 뜻하는 'context'는 직역이 아닌 의역으로 사용하였습니다.

먼저 'low context'란 머릿속에 생각하는 메시지가 그대로 직설적으로 표현되는 경우입니다. 그런가 하면, 'high context'란 소위 '행간을 읽다'라는 얘기처럼 메시지가 우회적으로 표현되는 경우로 그 의도와 생각의 이해를 청자에게 일임합니다. 'high context'로 메시지를 전달할 때는 표정, 제스처, 분위기 등이 활용되기도 합니다. 통상 미국은 'low context' 성향의 문화, 한국은 'high context' 성향의 문화를 갖고 있습니다.

'low context'의 경우 전달하는 말이나 메시지는 의사 표현 그 자체이기 때문에 상대방의 말이나 메시지를 제대로 이해하면 온전히 의사소통할 수 있습니다. 실제로 미국인들이 대화를 주고받을 때 오감에 신경 쓰기보다는 이야기에만 집중하는 경우가 많습니다. 이는 미국의 문화와 역사에서도 확인이 가능합니다. 개인적이고 자기주장이 강하며, 직설적이고 의사가 명확합니다. 따라서 내용, 어조, 감정 등은 대부분 대화 속에 그대로 반영돼 표현되는 편입니다.

반면 'high context'의 경우 언어뿐 아니라 비언어적인 활동도 복합적으로 메시지에 포함되기 때문에 총체적으로 파악하고 분석해야 상대방의 말이나 메시지를 이해할 수 있습니다. 한국인의 말이나 메시지에는 오감이 많이 활용됩니다. 한국적인 정서는 집단적이고 공동체적이며, 대화 시에는 함축적이고 우회적으로 표현하곤 합니다. 게다가 표정과 몸짓까지 의사소통의 도구로 활용됩니다.

그렇다면 미국 회사나 미국계 한국 회사에서 효과적으로 의사소통하고 경청하는 방법은 무엇일까요?

우선, 편안하게 대화할 수 있는 분위기를 조성해야 합니다. 대화를 시작할 때 상대방이 경계심을 낮출 수 있도록 부드러운 표정과 태도로 어색한 환경과 분위기를 최소화해야 합니다.

그렇게 본격적으로 대화가 이어지면 주기적으로 상대방과 '아이 콘택트eye contact'해야 합니다. 미국에서 아이 콘택트는 상대방의 말과 메시지에 관심을 갖고 있고, 진실하게 경청하겠다는 의미가 포함되어 있습니다. 그런 만큼 아이 콘택트를 피하면 상대방이 대화에 자신이 없거나 정직하지 못하다고

> "
> '듣는다'는 의미의 청聽이라는 한자는
> '임금의 귀와 열 개의 눈을 갖고
> 하나의 마음으로 듣는다'는
> 의미를 내포하고 있습니다.
> "

판단합니다.

문화적 차이로 미국 내 한국인들은 아이 콘택트에 부담을 갖는 경우도 많습니다. 한국적인 정서상 나이가 많거나 지위가 높은 사람을 빤히 쳐다보는 행동은 예의에 어긋난다고 생각하기 때문입니다. 이런 경우에는 상대방의 코를 쳐다보면 아이 콘택트와 동일한 효과를 얻을 수 있습니다.

아울러 상대방이 이야기할 때는 집중하며 관심과 흥미를 표현해야 합니다. 그렇지 않으면 대화의 동력을 잃어버리고 맙니다. 이를테면 대화 도중 시계를 쳐다보거나 잠시라도 한눈을 팔면 '그만 대화를 끝내면 좋겠습니다', 또는 '당신의 이야기에 관심이 없습니다'라고 상대방이 받아들일 수 있습니다.

따라서 대화 도중 "네, 그렇군요"라며 호응하거나 고개를 끄덕이는 제스처gesture로 마주할 필요가 있습니다. 대화의 일부를 활용해 짤막하게 되묻는 방법도 유용합니다. 가령, '최근 서울에 다녀왔어요'라는 얘기에 '저도 작년에 다녀왔는데, 무슨 음식이 맛있었나요?'라고 물어보면 대화는 한층 무르익게 됩니다.

다만, 이 과정에서 상대방의 말을 이해했다는 'I see'나 'I understand'라는 반응은 괜찮지만, 동의를 뜻하는 'I agree'나 'You're right'라는 표현은 조심해야 합니다. 이는 상대방의 말에 동조한다는 약속의 개념으로 오해받을 수 있기 때문입니다.

다음으로 인내와 정성을 갖고 상대방을 존중해야 이야기를 끝까지 경청할 수 있습니다. 상대방의 말이 이치에 어긋나고, 가치가 없다고 판단돼 신속히 매듭지으려는 신호 혹은 태도는 유의해야 합니다. 더구나 상대방에게 충고를 남발하거나 일방적으로 이야기하는 자세로는 경청할 수 없습니다. 상대방의 직위나 역량 수준을 떠나 그저 인간으로서 존중하는 마음으로 귀를 기울인다면 상대방 또한 진심 어린 교감에 감사를 표하며 실질적인 과제 협의도 상당 부분 원만하게 진행할 수 있는 토대가 마련됩니다.

이어서 '말이 씨앗이 된다'와 '한 번 뱉은 말은 주워 담을 수 없다'는 사실을 명심해야 합니다. 유명한 표현이지만 실제로 대화 시에는 간과되는 부분이기도 합니다. 상황을 모면하기 위한 약속이나 거짓말은 반드시 책임이 뒤따르니 삼가야 합니다. 그리고 이성적인 판단보다는 감정을 앞세워 모멸감과 적대감을 유발시키고, 심지어 법적 소송의 빌미까지 제공하는 부정적이고 파괴적인 대화법도 근절해야 합니다. 특히 다수가 함께하는 자리에서 특정 대상을 지적, 훈계하는 행위는 여러 가지 부작용을 초래합니다. 이성적인 대화로 무리 없이 진행될 수 있는 대화가 그 주제와는 관계없는 자존심, 시기, 질투, 모욕 등의 부정적인 감정이 개입되거나, 말투, 외모, 사생활 관련 시비와 트집으로 발전하면서 결국 원래의 의도는 퇴색되고 맙니다. 이는 당사자들은 물론 소속 조직에도 상당한 문제가 발생하는 이유가 되기도 합니다.

마지막으로 비밀이 요구되는 다각적으로 민감한 내용은 관련된 사람들만 공유해야 합니다. 혹여 비밀이 유출되고 뒷담화로 퍼지게 된다면 조직 내 구성원 간 신뢰 관계는 부서지고, 다시 회복되기 어렵습니다.

미국 회사도 마찬가지지만 조직에서 업무 수행 시 가장 중요하고 필수적인 요소가 의사소통과 경청입니다. 그 사실을 인식하고 있지만 저마다 자기 위주로 안이하게 생각하기 때문에 조직에는 오해와 불통, 관계 악화와 생산성 저하 등의 부작용이 끊임없이 발생하고 있습니다.

  수많은 회사가 제품, 서비스, 시스템, 매출 등에는 우선순위를 두고 경쟁력을 유지하고자 노력하지만 정작 이를 관리하는 인재들의 소통력과 관계 정립에 관해서는 관심도와 해결 능력이 현저히 떨어지고 있습니다.

  의사소통의 주요 목적은 업무적, 사회적, 관계적 측면의 긍정적인 교류입니다. 그리고 그 속에는 일상을 서로 나누고 느끼며 함께한다는 뜻도 포함되어 있습니다. 그 관점에서 소통을 '소소하게 통하는 것'이라고 말하는 듯도 합니다.

  이제 올바른 의사소통과 경청의 중요성을 다시금 인식하고 저마다 냉철한 머리와 진솔한 마음을 갖춰 자신은 물론 조직의 발전을 도모하길 기원합니다.

효율과 효과

나는 시간을 쓰는spend/waste 것이 아니라 투자use/invest한다

자연과학은 물론 경영학, 실제 사업과 조직 관리 측면에서 중요하게 거론되고, 자주 활용되는 개념이 효율성efficiency과 효과성effectiveness입니다. 이는 제가 구성원 업무 관련 교육 시 시간 관리와 함께 반드시 공유하는 주제이기도 합니다. 효율성과 효과성은 업무 프로세스 설계의 기초 개념으로 조직 구성원이 활용해야 하는 기본기이기 때문입니다. 특히 효율성과 효과성은 계량적인 부분뿐 아니라 인간관계에도 충분히 적용할 수 있습니다.

효율efficiency과 효과effectiveness의 개념을 짧고 쉽게 정의하면, 효율은 '일을 바르게 행하는 것', 효과는 '바른 일을 행하는 것'으로 표현할 수 있습니다. 보다 구체적으로 덧붙이면 효율은 '계획하는 일을 적절한 과정이나 방법으로 실행하는 것'으로 '과정과 방법'에 초점을 둔다면, 효과란 '필수적인 일을 실행하며 최상의 결과를 창출하는 것'으로 '결과'에 중점을 둡니다.

예를 들어 A와 B 아이스크림 회사가 있다고 가정해 보겠습니다. A회사는 제조 공정이 훌륭하게 완비되어 있고, 구성원들도 업무 프로세스에 정통해 신속하고 정확하며, 우수한 품질 가운데 1일 총생산량은 100만 개입니다. B회사는 A회사와 비교해 품질은 유사하지만 제조 공정이 다소 복잡하고 구성원들의 전문성이 보다 저조하며 1일 총생산량은 50만 개입니다. 이때, A회사는 생산한 아이스크림을 추운 겨울에 출하하였고, B회사는 더운 여름에 출하하였습니다. 아마 A회사는 계절적 요인으로 아이스크림이 적게 판매됐을 가능성이 높고, B회사의 아이스크림 총생산량은 A회사의 절반에 불과했으나 전량 판매됐을 가능성이 높습니다.

위 상황에 접목해 효율성과 효과성을 설명해 보겠습니다. A회사는 업무를 적절하게 수행하는 과정을 거쳤으므로 효율성은 높지만, 겨울에 판매하는 의사결정으로 최상의 결과를 창출하지 못했기 때문에 효과성은 낮습니다. 반면, B회사는 A회사와 비교해 과정적인 측면의 효율성은 낮으나 결과적인 측면의 효과성은 높습니다.

결론적으로 사업적인 관점에서 A회사보다 B회사가 한층 탁월한 경영을 실행한 셈입니다. 사업의 궁극적인 목적은 최상의 성과 창출이기에 과정이 아무리 좋아도 결과가 나쁘면 사업의 의미가 퇴색될 수 있습니다. 그러나 과정은 비교적 아쉽더라도, 결과적으로 최상의 성과를 창출하였다면 사업의 의미에 부합합니다. 그래서 사업 시에는 효율성보다는 효과성이 선결되고 고려돼야 합니다.

추가로 예를 들어 설명해 보겠습니다. 프로 축구팀과 동네 축구팀이 친선경기에 임하게 되었습니다. 축구 시합의 목표는 승리이고, 승리하려면 골을 넣어야 합니다. 프로 축구팀은 현란한 드리블과 정확한 패스에 이어 10여 차례 강력한 슛

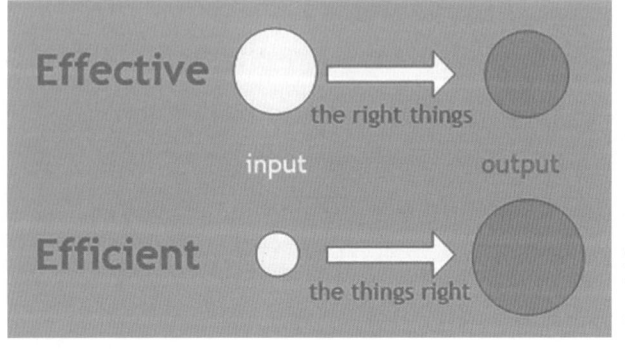

을 쏘았지만, 안타깝게도 한 골도 넣지 못했습니다. 과정은 효율적이었지만 결과는 비효과적이었습니다. 하지만 동네 축구팀은 드리블이 어설프고 패스도 부정확했지만 두세 차례 기회를 살려 두 골을 넣었고, 결국 승리하게 되었습니다. 과정은 비효율적이었지만, 결과는 효과적이었습니다.

회사를 비롯한 조직에서 중간 관리자 이하 직급의 구성원들은 대부분 원활한 업무 수행에 비중을 둡니다. 이때 많은 경우 업무 수행 결과인 효과성보다는 업무 수행 과정인 효율성을 보다 강조합니다. 하지만 경영진을 포함한 고급 관리자들은 성과로 평가받고, 결과에 따라 회사의 성패와 존망이 좌우되기에 효율성보다는 효과성을 강조할 수밖에 없습니다.

사실 회사에서 인정받는 존재는 성과를 창출하는 사람입니다. 아무리 계획성이 뛰어나고, 성실성이 남달라도 매출과 이익 같은 회사의 궁극적인 목표에 기여하지 못한다면 회사에 꼭 필요한 구성원으로 자리하기는 어렵습니다.

그렇다고 효율성을 무시하고 효과성만 강조하면 부작용이 초래됩니다. 그 때문에 효율성과 효과성의 온전한 조화가 요구됩니다. 탁월한 효율성의 기반 위에서 효과성은 배가될 가능성이 높기 때문입니다. 그 관점에서 업무 프로세스의 효율성을 향상시키는 주요 개념을 짚어보겠습니다.

첫째 'once'입니다. 업무 수행 과정은 가급적 한 번에 완결해야 합니다. 불필요하게 두세 번 일이 진행되면 시간과 비용 등의 낭비가 발생합니다.

둘째 'simple'입니다. 업무의 절차와 내용은 최대한 간단명료하게 구성해야 합니다. 일이 복잡해질수록 이해가 어려워 그에 상응하는 노력이 들어가기 때문입니다.

셋째 'same'입니다. 업무 수행 시 누구나 동일한 절차와 방법으로 일할 수 있도록 표준화standardization하고, 이를 위한 시스템을 구축해야 합니다. 업무가 표준화되지 않으면 품질은 물론 생산성의 저하로 효율성이 낮아질 수밖에 없습니다.

역으로 위의 세 가지 요소를 온전히 수행하게 되면 업무 수행 속도가 빨라지는 'speedy' 효과와 시간, 비용, 노력 등이 절감되는 'saving' 효과가 부수적으로 발생하게 됩니다.

이상의 내용을 요약하면 '1O & 4S'로 표현할 수 있습니다. 1O는 once, 4S는 simple, same, saving, speedy로 그 의미는 '한 번에 간단하게 한결같이 절약하며 신속하게 일하자'입니다.

너무 당연하고 쉽게 이해되는 이치입니다. 하지만 실제 업무 환경에서는 다양한 이유로 위의 내용이 적용되지 않는 경우가 많습니다. '너무 바빠서 생각할 시간이 없었다', '그동안 문제가 없었던 관례인데 왜 번거롭게 변화해야 하는가?', '상사는 늘 자신의 방법으로 업무 수행하길 원한다' 등 개선과 변화의 필요성을 인지하면서도 과거의 과정과 절차를 답습하며, 저하된 업무 효율성을 그대로 방치하기도 합니다.

일례로 저는 한국의 대기업 미국지사에서 근무하며, 경영혁신을 위해 미국지사 내 기존 업무 프로세스를 총체적으로 개선시키는 역할을 담당한 적이 있습니다. 그 당시는 비즈니스 프로세스 리엔지니어링Business Process Reengineering: BPR 업무 과정 재설계이라는 경영혁신기법이 유행하던 시절이기도 했습니다. 그때 경영혁신을 위한 업무 프로세스 개선의 난관은 놀랍게도 부서 책임자들에게 있었습니다. 부서 책임자들은 복지부동伏地不動과 무사안일無事安逸로 일관했고, 이는 성공 경험 관련 자만감과 혁신 실패에 대한 부담감 등이 요인이었습니다.

효율을 얘기할 때 '목수의 원칙'도 기억하면 유익합니다. 목수는 나무를 자르고 다듬어 가구를 비롯한 다양한 구조물을 만듭니다. 그래서 목수는 도면이나 설계에 맞춰 나무의 너비와 두께를 측정하고 제단하는 데 신경을 집중합니다.

만약 목수가 도면이나 설계와 다르게 나무를 제단했을 경우 난감한 상황이 발생합니다. 그나마 수치를 넉넉히 잘랐으면 다시 제단할 기회가 남아 있어 약간의 시간과 노력만 다시

들이면 되지만, 혹시라도 부족하면 그 나무는 용도에 맞게 사용할 수 없어 더 많은 시간과 노력에 비용까지 낭비하게 됩니다. 그 때문에 목수는 '두 번 재고, 한 번에 자른다measure twice, cut once'라는 문장을 주문처럼 외며 톱질에 임합니다.

목수의 원칙은 결국 과정을 중시하면 결과도 좋아질 가능성이 높다는 사실을 시사합니다. 효율성의 제고가 효과성의 제고로 이어지는 사례입니다.

업무의 효율성과 효과성은 업무 관련 목적, 목표, 절차, 방법 등을 중요하게 고민하고 관리하며 논의해야 합니다. 여기서 간과할 수 없는 핵심적 요소가 바로 개별 시간관리와 사내 시간경영입니다. 시간을 관리하고 경영하는 기준에 따라 업무의 효율성과 효과성은 지대한 영향을 받습니다.

시간은 누구에게나 공평하게 주어집니다. 하지만 우리는 다양한 이유로 시간이 없어서 일하지 못했다고 얘기하곤 합니다. 그때는 시간을 만들고 찾아야 합니다. 그리고 시간을 관리하고 경영하기 위해 고민하는 시간부터 확보해야 합니다.

그 관점에서 다음과 같은 개념을 마음속에 확립하면 시간을 보다 긍정적이고 생산적으로 활용할 수 있습니다.

"나는 시간을 쓰는spend/waste 것이 아니라 투자use/invest 한다."

이 개념은 시간에 대해 수동적passive이고, 반응적reactive으로 바라보는 자세를 적극적active이고, 주도적Proactive으로 변화시켜 줍니다.

시간의 활용도를 극대화하는 고품질의 시간관리자 및 시간경영자가 되려면 무엇보다 자신의 일상을 세밀하게 분석해야 합니다. 기상부터 취침까지 각종 일정 관련 목적, 목표, 내용, 방법 등을 촘촘하게 정리할 필요가 있습니다. 그 가운데 방치되고 낭비되는 다양한 자투리 시간idle time은 양적으로 확인하고, 최소화해야 합니다. 그렇게 24시간 중 수면 시간을 제외한 시간의 활용도가 100%에 근접하도록 일상을 다듬어야 합니다.

우선 개별 시간관리를 위해 반면교사反面敎師 삼을 수 있는 일부 직장인의 사례를 공유하고자 합니다.

> 오늘도 그는 충분한 수면 후 깨어나서 수많은 사람이 몰리는 시간에 출근길로 나섭니다. 당연히 복잡한 교통상황을 맞닥뜨리는 가운데 그의 심신은 긴장, 초조, 짜증으로 서서히 지쳐 갑니다.
>
> 겨우 출근 시간에 맞춰 사무실에 도착한 그는 컴퓨터 전원만 켜고, 곧장 커피를 마시러 탕비실office pantry로 향합니다. 여기서 마주친 직장동료들과 인사하며 불필요한 잡담으로 시간을 소요합니다. 그리고 화장실에 들러 대변을 봅니다. 그렇게 상당한 시간이 흐르

고 그는 업무를 시작합니다. 시간 관계상 신중한 검토를 요하는 업무는 일단 보류하고, 기한이 임박한 업무부터 먼저 처리합니다. 책상이 엉망이지만 정리정돈할 새는 없습니다. 그 가운데 회의가 소집되면 자의 반 타의 반 참석합니다. 그는 이번에도 기여 없이 참관하며 자리만 지킵니다.

그사이 점심시간이 다가옵니다. 직장동료들과 외부 식당에서 식사한 후 그는 점심시간을 모두 채운 다음 사무실로 돌아옵니다.

그는 자리에 앉아 식곤증 속에 졸음을 쫓으며 업무를 재개합니다. 천천히 발동을 걸면서 담당 업무와 요청 사항을 처리하며 업무에 매진하다 보면 어느새 퇴근 시간입니다. 오후에 두세 시간 정도 집중적으로 일했지만, 그는 느낌상 온종일 열심히 일했다는 착각에 빠집니다. 그래서인지 직장동료들이 하나둘 퇴근하면 그 또한 오늘 마무리해야 하는 업무를 내일로 미루고 퇴근길에 합류합니다.

그가 열심히 일했다는 착각은 집에서도 계속됩니다. 그래서 보상 심리에 영상 콘텐츠를 시청하며 혼자만의 휴식 시간을 갖습니다. 그러던 중 졸리면 잠자리에 오르며 하루를 마감합니다. '오늘도 너무 바빴어!'라며.

다음으로 사내 시간경영에서 특별히 중요한 개념인 우선순위prioritization를 설정하는 순서에 대해 짚어보겠습니다. 우선순위란 수많은 사안이 객관적, 논리적 근거를 바탕으로 중요도와 시의성에 따라 우선적인 순서를 차지한다는 의미입니다.

회사에서 우선순위를 설정할 때는 사내 과제를 나열한 후 목적, 목표, 이유, 결과를 구체적으로 명확하게 파악해 정리합니다. 그 후 이를 실현하는 데 가장 중요한 업무를 순서대로 나열합니다.

이때 시의성을 고려해야 합니다. 아무리 중요한 업무라 하더라도 당장 마감이 임박한 업무보다 앞설 수는 없습니다. 극단적인 예이긴 하지만, 사무실에 화재가 발생했다면 불을 진화하거나 대피해야 합니다. 이는 시의성에 따라 우선순위가 변동될 가능성이 있다는 사실을 뜻합니다.

이러한 우선순위는 좌표평면을 활용하면 가시적으로 정리하기 용이합니다.

먼저 중요도를 가로축(X축)으로, 시의성을 세로축(Y축)으로 규정해 좌표평면을 그립니다. 중심점을 기준으로 우측에 자리할수록 더 중요한 일이고, 좌측에 자리할수록 덜 중요한 일입니다. 또한 상단으로 향할수록 더 시급하고, 하단으로 향할수록 덜 시급한 일입니다.

이를 동시 적용하면 우측상단면에는 더 중요하고 더 시급한 일이 배치되고, 우측하단면에는 더 중요하고 덜 시급한 일이 배치되며, 좌측상단면에는 덜 중요하고 더 시급한 일이 배치되고, 좌측하단면에는 덜 중요하고 덜 시급한 일이 배치됩니다.

그렇게 중요도와 시의성에 따라 업무가 정리되면 좌측하단면의 일은 제거해 나가되 우측하단면의 일은 늘려가는 사무 환경을 마련해야 합니다. 아울러 좌측상단면과 우측상단면은 중요도를 떠나 시급한 일이므로 축소해야 합니다. 시급한 일은 프로젝트 기한, 구성원의 역량, 업무 프로세스 등의 다양한 요인이 있으나, 결과적으로 시급한 일이 많으면 업무의 효율성 저하 및 구성원의 스트레스 심화 등 전체 업무에 부정적인 영향을 미치기 때문에 반드시 조정이 필요합니다. 따라서 부득이하게 발생하는 시급한 일을 최소화하고 보다 중요한 일 위주로 업무 환경을 개선해야 합니다.

사내 시간경영에 유익한 개념으로 앞서 언급한 '80:20 법칙80:20 rule'도 있습니다. 달리 '파레토 법칙Pareto principle'으로도 부릅니다.

19세기 말 이탈리아 경제학자 파레토Vilfredo Federico Damaso Pareto는 이탈리아 전체 세금의 약 80%가 국민 소득 수준 상위 약 20%의 세금이라는 사실을 확인했습니다. 그리고 80%와 20%의 상관관계에 대해 연구한 그는 대다수의 경우 총체적 결과의 80%는 총체적 원인의 20%에서 기인한다는 결론에 이르렀습니다. 실제로 80:20 법칙을 식당에 적용하면 주문 메뉴 상위 약 20%가 식당 매출의 약 80%를 차지하는 경

> "
> 효율과 효과의 개념은
> 유형적, 무형적 투자에 대한 회수를
> 극대화하겠다는 경제학적 가치를
> 계량적으로 강조하고 있습니다.
> "

우가 많습니다.

 80:20 법칙은 업무적으로 적용해도 곧잘 들어맞습니다. 중요도 상위 약 20%의 업무 내용이 전체 업무 약 80%의 질과 양을 대변합니다. 이는 역설적으로 하위 약 80%의 업무 내용은 전체 업무 약 20%에만 영향을 미친다는 의미이기도 합니다. 따라서 자신의 전체 업무를 철저히 분석한 후 중요도 기준 상위 약 20%에 해당하는 업무에 집중한다면 최소한 약 80%의 업무 성과를 기대할 수 있습니다.

 그런가 하면 업무 위임 또한 지혜로운 시간경영을 위한 주요 방편입니다. 업무 위임이란 직장동료를 비롯한 타인을 통해 업무를 실행한다는 의미를 내포합니다. 이때 위임delegation을 위양transfer과 확연히 구분해야 합니다. 위임은 업무 결과에 대한 책임이 자신에게 있지만, 위양은 해당 업무에 더 이상 관여하지도, 책임지지도 않는다는 뜻입니다. 일부 관리자는 업무 위임을 위양으로 착각해 업무 결과가 잘못되었을 때 책임도 떠넘기며 상대를 비난하기도 합니다.

이상적인 업무 위임을 통해 관리자는 생산성을 제고하는 보다 중요한 업무를 관장하는 한편 업무 위임 대상자가 새로운 업무를 의미 깊게 경험할 수 있도록 소통해야 합니다. 이러한 업무 위임을 고려하는 가운데 불필요한 업무가 발견되면 제거하거나 축소하는 과감한 조치도 시도할 수 있습니다.

한편, 개인이 아닌 회사나 조직 차원의 시간경영을 위한 핵심 요소도 언급하고자 합니다. 그것은 바로 업무 주관자 owner 선정과 업무 마감일 deadline 지정입니다.

회사나 조직에서는 개별 역량으로 성과를 창출하는 경우도 있지만, 대부분 조직 내 협업을 통해 프로젝트가 수행됩니다. 따라서 업무의 구심점인 업무 주관자 선정과 업무적 약속인 업무 마감일 지정이 반드시 요구됩니다. 협업 시작 시 이 부분이 명확하면 소통 혼선, 책임 전가, 관계 악화 등을 방지할 수 있고, 공동의 '데드라인'을 엄수하고자 더불어 활동할 수 있습니다.

지금까지 효율성과 효과성의 의미, 그리고 효율성과 효과성을 일상과 현업에 적용할 수 있는 다양한 방법을 살펴보았습니다.

효율과 효과의 개념은 유형적, 무형적 투자에 대한 회수를 극대화하겠다는 경제학적 가치를 계량적으로 강조하고 있습니다. 이는 경제학 용어인 ROIReturn On Investment를 통해 확인할 수 있습니다. 투자자본수익율 혹은 투자회수율로 불리는 ROI는 경제활동의 주된 이유입니다. ROI를 산출하는 공식은 재화나 서비스 등의 아웃풋output 총량을 원자재나 노동력 등의 인풋input 총량으로 나눈 값입니다.

경제활동의 목표는 최소의 자원을 투입하여 최상의 결과를 창출하는 것입니다. 투입의 의미인 인풋에는 원자재, 노동력, 비용 등의 계량적 항목은 물론 신념, 열정, 책임 등의 가치적인 부분이 해당되며, 결과의 의미인 아웃풋에는 재화, 서비스, 매출 등의 계량적 항목은 물론 행복, 보람, 단합 등의 가치적인 항목이 포함됩니다.

인풋을 효율적으로 관리하면 아웃풋은 효과적으로 도출됩니다. 인생도 비슷한 듯합니다. 운동, 배려, 꿈 등을 일상에 효율적으로 녹여내다 보면 건강, 존중, 행복 등의 삶의 목표가 효과적으로 실현되리라 믿습니다.

좋은 회사

회사는 생계 수단 이상의 또 다른 인생

제가 미국에서 일할 때 일정 기간 동안 인사 담당자 또는 부서 관리자로서 수많은 미국인과 한국인을 면접하고 채용하던 시절이 있었습니다. 한 해 동안 살펴보는 입사 지원자의 이력서만 수백 장에 이르렀습니다. 이 경험을 통해 인종, 나이, 성별, 경력 등을 불문하고 지원자를 효과적으로 면접할 수 있게 되었습니다.

일반적으로 입사 지원자는 전문성, 경력, 태도, 성격 등의 측면에서 자신이 적격자라는 자신감으로 면접에 임합니다. 그 과정을 거쳐 선발된 지원자는 하나같이 힘찬 포부와 각오를 바탕으로 활기차게 회사생활을 시작합니다. 하지만 이러한 초심을 간직하고 업무를 시작한 구성원 중에는 중도 퇴사하는 사례가 적지 않았습니다. 경험상 신입 사원일수록, 개성이 강할수록 조기 퇴사율이 높았습니다.

저는 퇴사하는, 또는 해고되는 구성원과는 면담exit interview를 통해 그 사유를 객관성과 형평성 속에 경청하려고 했습니다. 퇴사 혹은 해고 과정이 합리적이었고, 공정했는가에 대해 구성원의 솔직한 목소리는 조직의 운영 및 문화에 순기능으로 작용할 수 있기 때문입니다.

구성원과의 면담을 통해 조직을 떠나는 다양한 이유를 접했지만, 크게 요약하면 다음과 같습니다. 회사의 비전과 성장에 대한 회의감, 상사나 동료와의 갈등, 회사의 문화와 가치에 대한 불만 등입니다. 최근에는 밀레니얼세대Millennial와 그 다음 세대인 Z세대, 통칭 MZ세대의 퇴사 사유들인 미래지향적 근무 환경 추구, 명확한 업무 책임과 권한 규정, 경력개발, 연봉과 복지 향상 등의 내용에도 주목할 필요가 있습니다.

그렇다면 MZ세대를 포함해 직장인이 생각하는 이른바 '좋은 회사'의 모습은 어떠할까요. 면담을 통해 도출된 좋은 회사는 일반적으로 바람직한 가치, 비전, 미션을 바탕으로 재정의 안정을 갖추고, 존중, 공정, 신뢰의 조직문화 속에 구성원 간 수평적으로 상시 소통하는 가운데 회사와 구성원이 동반 성장하는 회사입니다.

이러한 좋은 회사에서는 경영진뿐만 아니라 구성원 모두

조직의 목표를 인식한 채 한 방향으로 업무를 진행합니다. 구성원 모두 사장처럼 주인의식ownership을 내재하고, 솔선수범으로 앞장서며 희생정신도 발휘합니다. 자연스럽게 회사에 대한 자긍심과 충성심을 갖게 되고 구성원 간 소통과 관계도 원활해 상호 이해와 협의로 긍정적 시너지를 발현합니다.

수많은 성향의 사람이 다양한 문화의 회사에서 근무하고 있습니다. 그리고 사람은 회사에서 가장 중요한 역할을 합니다. 하지만 회사의 경쟁력은 사람의 지식, 기술, 태도 같은 역량 수준에만 좌우되지 않습니다. 이러한 역량 수준뿐 아니라 회사의 가치관, 비전, 문화는 물론 경영진과 관리자의 철학, 구성원 간 관계 등에 따라 경영성과는 천차만별입니다.

실제로 구성원의 역량 수준이 아무리 뛰어나도 다음과 같은 모습이 엿보인다면 좋은 회사는 실현될 수 없습니다.

업무 시간에 수시로 잡담하거나 SNS 활동하는 구성원, 회사 비용은 물론 비품과 소모품을 낭비하는 이기주의적 구성원, 군림하고 대접받기 좋아하며 모욕적인 언행도 서슴없는 리더, 농담이라며 죄책감 없이 성희롱을 일삼는 리더, 웃음기가 사라지고 소통도 단절된 냉랭하고 서먹서먹한 팀 분위기, 타 부서 탓만 하는 자기방어적 팀 분위기, 회사에 대한 불평과 불만이 성행하고 구성원에 대한 뒷담화와 비방이 난무하는 조직문화, 눈치와 침묵으로 일관하는 회의와 상사의 지시에 무조건 따르는 수동적인 조직문화……. 물론 이러한 회사들도 시작부터 부정적인 모습이 나타나지는 않았을 것입니다.

이처럼 우량기업과 불량기업의 갈림길에는 역량, 시스템, 규정, 제품 같은 유형적 요소보다 리더십, 소통, 관계, 태도 등의 무형적 요소가 지대한 영향을 미칩니다.

회사는 각양각색의 사람이 모인 영리단체입니다. 회사를 위해 구성원은 역량과 경험을 제공하고, 그에 상응하는 대가를 받습니다. 그러다 보니 직장인의 상당수가 직장생활을 생계를 위한 방편과 도구로만 생각하는 것 같습니다. 그래서 고액 연봉과 고위 직책을 우선순위에 두는 직장인도 많습니다.

미국 역시 오래전부터 계량적, 정량적 주고받음give & take 의 원칙이 고용주와 피고용주 간 관계 정립의 기본으로 자리 했습니다. 그래서 기존의 조건보다 낫다고 판단하면 망설임 없이 이직합니다.

우리는 세대를 막론하고 저마다 처한 정치, 경제, 사회, 문화 속에서 생계를 유지하기 위한 소득을 창출합니다. 그리고 소득을 창출하는 주요 방법은 바로 직장생활입니다.

하지만 직장생활은 영원하지 않습니다. 퇴직 시점이 있고 그전에도 자발적 퇴사나 회사의 해고를 통해 언제든지 공생관계는 파기될 수 있습니다. 그래서 우리의 경제활동 기간에서 상당 부분을 차지하는 직장생활의 운영은 매우 중요합니다. 오롯이 업무에 몰두하고, 인정받고, 보람차게 직장생활 할 수 있다면 최상의 모습일 듯합니다.

하지만 제 경험상 세상은 만만하지 않습니다. 아무리 좋은 회사라 하더라도 힘들고 괴로운 부분이 존재합니다. 따라서 일하는 목적을 생계의 수단이나 방편을 넘어 감사와 보람을 발견할 수 있는 삶의 터전으로 간주하는 마음가짐이 필요합니다.

그도 그럴 것이 우리는 인생의 전반에 걸쳐 일을 하며 살

> "
> 아무리 좋은 회사라도 힘들고 괴로운 부분이 존재합니다.
> 따라서 일하는 목적을 생계의 수단이나 방편을 넘어
> 감사와 보람을 발견할 수 있는
> 삶의 터전으로서 들여다봐야 합니다.
> "

아깝니다. 일을 하는 이유를 생계에만 둔다면 인생의 전반이 불행해질 가능성이 높습니다.

그러므로 회사생활이 어렵지만, 그 속에서 행복과 평안을 추구한다면 그 자체만으로 의미가 남다르고, 이내 행복과 평안을 찾아낼 수 있습니다. 그러니 회사를 생계의 수단으로 분리하기보다는 인생의 귀중한 영역으로 마주하며 소중한 삶의 가치들을 발견하길 바랍니다.

'나', '자신'에서 '우리', '함께'로

온 세상이 썩어 버렸어!

저는 업무 특성상 사람들을 관찰하는 습관이 있습니다. 이는 조사나 감시 측면이 아니라 업무 수행을 전제로 구성원의 언행, 표정, 태도 등을 객관적으로 살핀다는 의미입니다. 그렇게 관심을 두다 보면 상대의 특성, 성격, 심리, 사고 등이 파악돼 다양한 측면에서 대화가 가능하고, 돈독한 관계도 형성되곤 합니다. 그 관점에서 인간의 본성을 관찰한 심리학은 물론 사회와 조직 속 인간의 모습을 통찰한 사회심리학도 소통과 관계에 크게 도움이 됩니다. 이러한 심리분석은 특히 조직의 인사에도 운영상 순기능을 발휘할 수 있습니다.

사람은 보통 머릿속의 생각, 직접적인 표현인 언행, 간접적인 표현인 제스처와 표정 등이 일관성 있게 합치됩니다. 가령 제스처 중에는 중력을 거스르는 행위와 중력에 순응하는 행위가 있습니다. 양팔을 하늘로 쳐든다든가 엄지손가락을 치켜세우는 중력을 거스르는 행위는 자신감, 성공, 편안함 등의 표현입니다. 반대로 어깨를 축 늘어뜨리거나 엄지손가락을 바닥으로 내리는 중력에 순응하는 행위는 자신감 부재, 실패, 우울함의 표현입니다.

또 다른 예로 회의나 대화 중 목덜미를 주무르거나 넥타이나 목걸이를 만지작거리는 행위는 불안, 불편, 걱정 등의 심리를 나타냅니다.

이처럼 직접적인 표현인 언행과 함께 간접적인 표현인 제스처, 표정, 눈빛, 목소리, 화법 등을 복합적으로 관찰, 분석하면 상대의 성향과 심리를 파악하기 용이합니다. 이는 소통의 목적에 긍정적 영향을 미치며, 관계를 정립하거나 전략적으로 유리한 위치도 선점할 수 있습니다.

오랫동안 저는 출근 전 새벽마다 짐gym에서 운동하며 다양한 사람들을 마주할 수 있었습니다. 그중에 러닝머신treadmill 관련 관찰한 내용이 생각납니다. 러닝머신을 사용해 운동하고 나면 땀이 흘러내리는 경우가 많습니다. 하지만 그 부분에 대한 반응은 동일하지 않으며, 저는 각 행동에 따라 네 부류로 구분할 수 있었습니다.

첫째로 위생 티슈로 사용 전과 후 모두 닦는 부류, 둘째로 사용 전은 닦지 않고 사용 후만 닦는 부류, 셋째로 사용 전은 닦고 사용 후는 닦지 않는 부류, 넷째로 사용 전과 후 모두 닦지 않는 부류입니다.

여러분은 어느 부류에 해당되나요. 물론 모범적 태도의 사람들은 첫째 부류이고, 가장 불량한 태도의 사람들은 넷째 부류입니다. 그렇다면 셋째 부류는 어떻게 생각하시나요. 혹시 이기적이라는 생각이 들지는 않나요. 그런가 하면 둘째 부류는 어떻게 생각하시나요. 저마다 다르겠지만 저는 둘째 부류의 사람들에게 따뜻한 정을 느꼈습니다. 그래서 저는 완벽한 첫째 부류보다 둘째 부류에 보다 호감이 갔습니다. 그렇다고 둘째 부류가 첫째 부류보다 낫다는 주장은 아닙니다.

이 상황을 회사생활에 적용해 보겠습니다. 회사생활 중에는 첫째 부류처럼 완벽한 모습의 직장동료도 있지만 관계적으로 다소 부담스럽기도 합니다. 넷째 부류는 업무적으로, 관계적으로 기피될 가능성이 높습니다.

또 셋째 부류는 이기적인 모습, 또는 자기중심적인 모습으로 타 구성원이 경계할 수 있습니다. 물론 철저히 필요에 의해 관계를 쌓고, 자신을 알려 단기적으로는 조직에서 인정받을 수 있지만, 장기적으로는 직장동료들의 부정적인 평가가 조직 전체로 확산될 수밖에 없습니다.

반면 둘째 부류는 자신보다 타인을 배려하는 모습에서 소

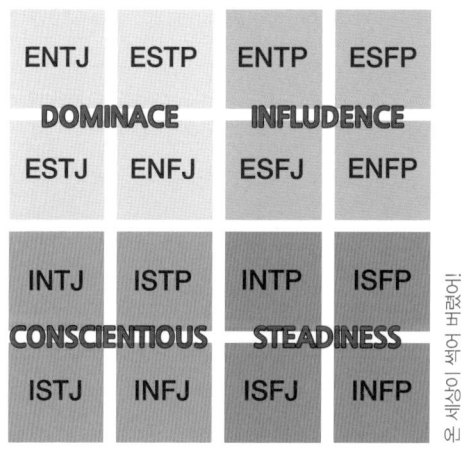

탈하고, 인간적인 면모가 엿보여 친근하게 함께하고 싶은 대상입니다. 그것은 지금이 '사람다움'이 긍정적으로 주목받는 시대인 까닭도 있습니다.

물론 이 상황은 업무 역량을 제외한 단적인 접근으로 규정화할 수는 없지만, 인간적인 측면에서 살펴보면 유용할 듯합니다.

「언더커버 보스Undercover Boss」라는 유명한 리얼리티 TV쇼가 있습니다. 이 TV쇼에는 다양한 직종과 규모의 회사가 등장합니다. 그리고 각 회사의 CEO는 분장을 통해 신분을 숨기고 신입사원으로 입사한 후 구성원과 더불어 업무를 수행합니다. CEO는 업무를 수행하는 동안 구성원 역량과 근무 태도 등을 각별히 눈여겨보며, 우수한 구성원에게는 나중에 정체를 밝힌 다음 상을 수여하기도 합니다.

그동안 저는 인간애, 협동심, 애사심, 공감과 배려, 희생 정신 등의 덕목은 합리주의가 우선인 미국 정서상 수용이 쉽지 않겠다는 선입견이 있었습니다. 하지만 이 TV쇼를 통해 가치관의 차이나 문화의 상대성을 떠나 인간은 본연의 동질적인 정서를 기본적으로 내재하고 있다는 사실을 깨달았습니다. 그래서 조직에서 대인관계, 성실과 신뢰, 솔선수범 등은 직종과 규모를 막론하고 생산성과 분위기에 긍정적인 영향을 미친다는 사실도 확인하게 되었습니다.

이와 같은 인간 본연의 동질적인 정서가 조직의 성장 동력으로 자리 잡으려면 고정관념을 지양해야 합니다. 저도 미국 정서에 대한 선입견이 있었지만, 이러한 관점은 궁극적으로 조직의 발전을 저해합니다. 특히 관리자는 구성원에게 상당한 영향력을 미치는 만큼 유념해야 하는 부분입니다.

과거 어느 코미디 프로그램의 일화가 생각납니다. 콧수염을 기른 한 청년이 낮잠을 자고 있었습니다. 그의 친구는 청년을 골리려고 냄새가 지독한 치즈를 녹인 후 청년의 콧수염에 발랐습니다. 지독한 냄새가 코끝을 찌르자 청년은 오만상

> "
> 자신이 고정관념, 선입견, 편견 등으로
> 붉게 칠한 색안경을 쓰고 있다면
> 실제로 세상이 아무리 푸르더라도
> 온통 붉은색 일색일 수밖에 없습니다.
> "

을 찌푸리며 잠에서 깨어났습니다. 그리고 집 안 곳곳을 옮겨 다니며 지독한 냄새의 진원지를 찾고자 했습니다. 하지만 끝내 찾아내지 못한 그는 참다못해 집 밖으로 뛰어나갔고, 그래도 지독한 냄새가 이어지자 이렇게 소리쳤습니다.

"온 세상이 썩어 버렸어!"

저는 이 일화를 통해 지독한 냄새의 근원, 즉 잘못의 요인이 자신에게 있지만 일단 외부나 타인으로부터 찾으려는 일부 사람들의 모습이 연상되었습니다.

우리는 학습과 경험을 바탕으로 구축된 자신만의 관념을 갖고 살아갑니다. 비유하자면 자신만의 컬러color가 담긴 안경을 쓰고 세상을 바라봅니다. 사실 사람과 사물을 그대로 이해하려면 투명한 안경이 제격입니다. 하지만 자신의 고정관념, 선입견, 편견 등으로 붉게 칠한 색안경을 쓰고 있다면 실제로 세상이 아무리 푸르더라도 온통 붉은색 일색일 수밖에 없습니다.

자신은 객관적으로 세상을 바라본다고 주장하지만 오랜 시간 동안 변함없는 사고의 틀을 갖고 있다면 스스로 점검할 필요가 있습니다. 조직 내 높은 직급과 많은 권한을 보유한 임원일수록 자신도 모르게 색안경을 쓰고, 사람과 사물을 해석하는 위험이 있습니다.

따라서 사회생활 가운데 자신의 고정관념을 성찰한 후 선입견과 편견을 포함한 부정적 부분이 인식되면 이를 개선해야 합니다. 사고의 틀은 '나', '자신' 위주에서 '우리', '함께'라는 개념을 적용한 후 습관화하면 깨뜨릴 수 있습니다.

우리는 한 방향으로 동행할 때 진정성 가득한 소통과 관계를 구축할 수 있습니다. 존중, 경청, 관심, 배려, 책임, 겸손, 솔선수범, 언행일치 등 조직의 이상적인 리더라면 인격적으로 온전한 모습을 겸비할 필요가 있습니다. 투명한 안경을 쓰고 구성원과 더불어 사람다움의 가치를 실현할 때 개인은 발전하고 조직은 성장할 수 있습니다.

회사생활과 만족감

과연 저 직장인들은 저 노부부보다 행복할까?

"회사생활에 만족하시나요?"

이 질문을 직장인에게 건넨다면 예상되는 답변이 무엇인가요. 여기서 '만족'은 지극히 주관적인 개념입니다. 저는 만족의 뜻을 '자신이 갈망하는 형이상학적, 또는 형이하학적 욕구들이 기대 이상의 수준에 이르렀을 때의 심리 상태'라고 정의하고 싶습니다. 그 관점에서 만족도는 욕구가 반영된 특정 상황을 자신만의 잣대로 평가한 수준입니다.

오랫동안 회사에 몸담은 사람이라면 공감하겠지만, 회사의 일상은 표면적으로 살펴보면 단순하고 단조롭기 그지없습니다. 출근부터 퇴근까지 정신없이 일에 집중하고. 단합을 위해 간간이 직장동료들과 회식하며, 주말의 휴식으로 고단한 심신을 회복하는 시간의 반복입니다.

이 모습으로만 판단하면 회사생활뿐만 아니라 인생까지도

무미건조하게 느껴지는 듯합니다. 실제로 상당수 직장인이 매일 월요병에 사로잡혀 생기와 의욕 없이 간신히 일어나 무거운 몸을 이끌고 출근한 후 짜증과 피로로 잔뜩 찌푸린 표정 속에 업무를 대충 마무리하고 퇴근 시간만 기다리기도 합니다.

그러나 쳇바퀴 같은 회사생활 속에서도 자신의 꿈을 안고 도전정신으로 설렘 속에 출근하며, 육체적, 정신적으로 힘겨운 근무 여건이지만 보람과 희망으로 내일을 기대하며 퇴근하는 직장인도 적지 않습니다.

누구든지 회사생활 중에는 업무적으로, 관계적으로 불편하거나 어려운 상황들을 직면합니다. 상사의 지적과 질책, 직장동료의 뒷담화와 험담, 부서 간 갈등과 논쟁 등 예상과 대처가 쉽지 않은 문제점이 늘 발생합니다. 이때 부정적인 성향의 직장인이라면 우울감과 좌절감 속에서 만성적인 스트레스에 시달리며 살아갈 가능성이 높습니다.

그나마 한국이라면 친근한 친구나 지인을 만나 술 한잔하며 속상한 마음을 달랠 수도 있습니다. 하지만 미국에서는 이조차 쉽지 않습니다. 친근한 친구나 지인이 있어도 시간이나 공간의 제약이 많아 미리 약속하지 않으면 쉽사리 만나기 어렵습니다. 설령 만난다 하더라도 술자리나 티타임 이후 밤늦게 대리운전이나 택시를 이용하는 길은 녹록지 않습니다.

그 때문에 회사에서 어려운 상황들을 직면하더라도 하소연하고 싶은 심정을 꾹꾹 눌러 담고 외로움을 실감하며 쓸쓸히 귀가할 수밖에 없습니다. 집으로 돌아와 가족에게 속상한 마음을 털어놓고 싶지만, 혹여 걱정만 더하진 않을까 우려해 홀로 삭이는 경우도 많습니다.

보통 회사생활은 업무 관련 계획, 회의, 합의, 결정, 수행, 평가 등으로 일상이 반복됩니다. 여기에 자신의 직위와 역할에 따라 조직 관리나 업무 지시 등의 활동이 추가됩니다. 모두 가치 있는 업무를 담당하길 바라지만 때로는 불필요한 업무도 이행해야 하며, 그 가운데 실수와 실패도 맛보면서 분노, 좌절, 질시 등의 부정적 감정들을 경험하기도 합니다. 반대로 훌륭한 실적, 성과, 태도 등을 인정받고 승진과 보상을 통해 보람, 희망, 감사 등의 긍정적 감정들을 체험하기도 합니다.

우리는 이러한 회사생활을 다양한 요인으로 그만둡니다. 직무상 오랫동안 저는 퇴사를 결정한 구성원들과 면담하게 되었고, 여러 가지 퇴사 사유를 접할 수 있었습니다. 그중에 공통적인 답변을 요약하면 다음과 같습니다.

"회사에 비전이 없습니다.", "인격적으로 존중받지 못했습니다.", "저의 상사, 그리고 회사의 임원들은 리더십이 부족

합니다.", "최선을 다해 열심히 일했지만, 공정하게 보상받지 못했습니다.", "소통이 없는 무거운 조직 분위기 속에 업무에 집중하기 어렵습니다.", "여러모로 지인에게 추천하고 싶지 않은 회사입니다."…….

위 내용대로라면 조직의 구성원들은 항상 퇴사를 고민할 것 같습니다. 하지만 대개는 회사와 구성원 중 한편에서 일방적으로 잘하거나 잘못하는 경우는 많지 않습니다. 그래서 화해를 위해 서로의 입장에서 잘못을 얘기해 보지만, 저마다 인정하고 반성하는 경우보다는 자신의 언행을 정당화하려는 모습이 나타나기도 합니다. 이러한 '내로남불(내가 하면 로맨스 남이 하면 불륜)'의 행태는 아직도 조직에 존재하고 있습니다. 게다가 지극히 주관적인 생각은 험담이나 뒷담화 속에서 타 구성원은 물론 외부에 와전되는 경우도 발생합니다.

인생을 살아가며 자신에게 이상적인 환경, 회사, 사람을 만나기란 매우 어렵습니다. 이상적인 환경, 회사, 사람을 찾았다고 해도 막상 경험하다 보면 나름대로 문제점이 발견될 가능성도 높습니다. 따라서 자신의 이상을 외부에서 찾기보다는 스스로 추구하는 바를 내면에서 풀어가는 모습이 보다 지혜로울 듯합니다. 그 맥락에서 조직의 상황을 막론하고 구성원으로서 업무에 임할 때는 가능하면 즐기면서 보람도 찾

> "
> 명확한 미래상이 있다면
> 분명한 목적의식과 강력한 의지력,
> 절실함과 절박함도 내재한 후
> 목표와 계획을 세워야 합니다.
> "

으려는 태도가 요구됩니다.

 실제로 우리는 삶과 일 속에서 긍정적인 의미를 발견하기 위해 하루하루 노력하는 가운데 만족을 얻고, 평안을 누리며, 행복에도 이릅니다. 막연히 기대하는 거창한 미래가 당장 눈앞에 다가오는 경우는 극히 드뭅니다.

 그러므로 자신이 구상하는 명확한 미래상이 있다면 분명한 목적의식과 강력한 의지력, 절실함과 절박함도 내재한 후 구체적인 목표와 계획을 세우고 준비 사안을 확인해야 합니다. 이때 자신의 지식, 기술, 태도를 정확하게 파악하고, 솔직하게 인정하면 현주소를 가늠할 수 있습니다. 이 현주소부터 미래상까지 걸어가는 동안 도전이 연속되고, 고통이 수반된다 하더라도 포기하지 말고 끊임없는 도전을 시도해야 하며, 이를 습관화해야 합니다. 그 가운데 특별히 명심할 부분은 삶과 일 속에서 무엇보다 시간을 가치 있게 활용해야 한다는 점입니다. 각자의 시간은 한정되어 있기 때문입니다.

어느 초가을 늦은 오후쯤 저는 뉴욕 맨해튼 파크 에비뉴를 오가는 수많은 직장인을 유심히 관찰한 적이 있습니다. 정장 차림의 그들은 곁눈질조차 없이 분주하게 움직이고 있었습니다. 무표정으로, 진지한 표정으로, 또는 해맑은 표정으로 보통 걸음보다 두세 배는 빠르게 걸어가고 있었습니다.

그때 그들 사이로 여행객 차림의 노부부가 여유롭게 산책하는 모습이 눈에 들어왔습니다. 그리고 주마등처럼 한 생각

과연 저 직장인들은 저 노부부보다 행복할까?

에 사로잡혔습니다.

'과연 저 직장인들은 저 노부부보다 행복할까?'

아마도 회사생활에 만족하고 있는 직장인이라면 그 순간에도 행복한 표정으로 걸어가고 있지 않았을까요.

소통과 관계를 위한 다섯 가지 핵심가치

'존중', '정직', '믿음', '정성', 그리고 '가족'

    직장동료는 사회에서 우연히 조우한 인연인 만큼 가족처럼 편안한 대상은 아닙니다. 그래서 깊은 대화를 나누기는 쉽지 않지만 함께하는 시간의 범주는 가족보다 훨씬 다양합니다.

    직장동료는 저마다 고유한 가치관, 성격, 습관, 배경 등을 내재한 동시에 회사라는 울타리 속에서 공동의 목표를 위해 활동합니다. 이처럼 회사생활에는 이질성과 동질성이 어우러져 있습니다. 음식에 비유하면 각각의 채소가 맛을 드러내는 샐러드 개념과 다양한 재료가 혼합한 맛의 수프 개념이 공존하고 있습니다.

    그런 만큼 가치관, 성격, 습관, 배경은 물론 미국에선 인종, 문화, 언어까지 차이나는 구성원들끼리 서로 조화를 이루며 하나의 목표를 추구하는 여정은 쉽지 않습니다. 게다가 이러한 조직의 생리와 특징 속에서 구성원 간 우호적인 소통과 관계를 이어가며, 재미있고 보람차게 회사생활하기란 매우 어려운 과제입니다.

저는 미국 조직에서 오랫동안 회사생활하며, 이질적 개개인을 동질적 목표에 참여시키는 방법을 탐구하면서 다음의 방법을 시도하였습니다. 바로 이질적 구성원들을 대상으로 동질적 지향점을 끊임없이 공유하는 것입니다.

그 관점에서 저는 직속 부서원들에게 소통과 관계를 위한 다섯 가지 핵심가치를 반복적으로 공유했습니다. 그것은 순서에 따라 '존중', '정직', '믿음', '정성(배려)', '가족'입니다.

우선 존중의 중요성은 아무리 강조해도 지나치지 않습니다. 구성원들은 서로 친밀하지 않은 상태에서 주로 능력, 학력, 역량, 경력, 특기, 전공 등과 같은 프로필 요소를 관계정립 positioning에 활용합니다. 이는 태권도에서 상대의 품새만으로 그 수준을 가늠할 수 있는 것과 유사합니다. 하지만 이러한 프로필 요소를 파악하기 전에 사회인으로서 서로를 존중하는 마음이 우선시되어야 합니다.

수많은 사람이 자신의 실제 모습보다 자신이 포장된 겉모습에 관심을 두고 있습니다. 인간 그 자체가 아니라 명함 속 회사나 직책에 더욱 신경을 씁니다. 이러한 통념적인 잣대로 상대를 평가하고, 그 평가를 기준으로 각각의 위치를 상하의

'존중', '정직', '믿음', '정성', 그리고 '가족'

계급으로 규정합니다.

하지만 우리는 모두 동등한 인간입니다. 그러므로 우리는 서로를 존중해야 하며, 이는 인간에게 꼭 필요한 덕목입니다. 존중은 능력, 학력, 역량, 경력, 특기, 전공은 물론 나이, 성별, 재력, 평판 등과도 무관합니다. 상대를 동등한 인간으로서 존중할 때 기본적인 예의를 갖출 수 있으며, 상대에게 집중할 수 있습니다.

상호 존중하는 환경이 형성되면 다음은 정직한 관계를 실현해 나가야 합니다. 빤히 드러나는 거짓말, 감정과 감동이 없는 실없는 행동, 입에 발린 겉치레 등에 상대의 몸과 마음은 요동하지 않습니다. 오히려 상대는 상처받고 멀어질 뿐입니다. 그러나 솔직한 소통 속에서 정직한 인간관계가 맺어지면 뜻깊은 대화와 따뜻한 마음을 함께할 수 있습니다.

존중과 정직을 바탕으로 관계가 지속되면 그 가운데 자연스럽게 믿음이 싹틉니다. 협업하는 직장동료를 믿음으로 의지할 수 있다는 것은 매우 긍정적인 영향력을 발휘합니다.

직장인에게는 급여, 직책, 보상 등도 중요하지만 신뢰할 수 있는 직장동료의 존재도 그 못지않게 중요합니다. 회사생활은 상당한 시간을 투자하고, 구성원 간 긴밀한 관계도 요구됩니다. 따라서 사내 대인관계가 믿음 없이 불신으로 가득하다면 회사생활은 불편, 불쾌, 분노, 혐오 등이 난무할 것입니다. 이는 생산성에도 악영향을 미칩니다.

그러나 믿음 어린 관계 속에서는 실수도 용납될 수 있고, 허물도 이해될 수 있습니다. 이러한 관계가 확산되면 구성원은 조직에 대한 심리적 소속감과 안정감을 느끼게 됩니다.

관계적으로 믿음이 생기면 상대에게 관심이 깊어져 정성을 들이게 됩니다. 이는 도움과 나눔의 마음을 불러옵니다. 항상 이득만 생각하고 손실은 싫어하는 자기 위주의 셈법 대신 배려의 정서가 나타나는 순간입니다.

"

가식을 뽑아내고, 자존심을 낮추고,
상대를 위하며 '존중', '정직', '믿음', '정성, 그리고 '가족'이란
핵심가치들을 실천한다면
서로 친밀한 관계를 정립할 수 있습니다.

"

일반적으로 조직은 정형화되어 있기 때문에 정성이나 배려의 분위기를 기대하기는 어렵습니다. 그러므로 정성이나 배려의 측면에서 조금만 신경을 쓴다면 매우 긍정적인 효과를 일으킬 수 있습니다.

예를 들어 직장동료의 우울한 마음을 눈치채고 대화나 편지로 함께 고민하고, 후배직원의 어려운 사정을 기억해 적절한 시기에 조용히 도와주며, 이렇게 정성과 배려로 상대의 감정이나 상처를 어루만질 수 있다면 아주 돈독한 관계를 정립할 수 있습니다.

이처럼 존중, 정직, 믿음, 정성(배려)의 과정을 거치면 이제 조직에도 함께 식사하는 식구食口의 관계, 즉 가족이 생겨나게 됩니다. 마지막 핵심가치인 가족은 앞선 네 가지 핵심가치를 온전히 실천하면 저절로 실현되는 선물 같은 핵심가치

입니다.

　가족 하면 떠오르는 화두 중에는 사랑과 희생이 있습니다. 가족 사이의 사랑과 희생은 어쩌면 당연한 이치이지만, 직장 동료에게 사랑과 희생으로 다가서기란 쉽지 않습니다. 그렇다고 불가능하진 않습니다. 드물긴 하지만 실제로 목격되기도 합니다.

　그런 만큼 가식을 뽑아내고, 자존심을 낮추고, 상대를 위하며 위의 핵심가치들을 실천한다면 공들인 만큼 훌륭한 소통으로 친밀한 관계를 구현할 수 있습니다.

함께 식사하는 이유

식사 한번 합시다!

사회생활 속에서 원활한 소통과 긍정적 관계를 위해 널리 통용된 방법 중 하나가 식사입니다. 그래서 우리는 '식사 한번 합시다!'라는 표현을 곧잘 사용합니다. 또한 한국의 회사생활에서 회식은 단합을 위한 관계 정립의 수단이기도 합니다.

재력, 권력, 능력 등을 막론하고 인간은 생명 유지를 위해 먹어야 합니다. 역사 속에서 사상적, 종교적, 정치적 이유로 수많은 전쟁이 발생한 이유는 영토와 자원을 더욱 확보해 자국민을 잘 먹고 잘 살게 하겠다는 명분이 가장 현실적인 이유였습니다.

아울러 인간의 오욕五欲에는 식욕, 수면욕, 명예욕, 물욕, 성욕이 있습니다. 그 가운데 식욕은 수면욕과 함께 인간의 생명 유지를 위한 근원적인 욕구로 숨이 붙어 있는 이상 지속됩니다. 그런 만큼 우리는 잘 먹어야 합니다. 이를테면 좋아하는 사람들과 편안한 분위기 속에서 즐거운 대화도 주고받으며 맛있는 음식을 건강하게 섭취하고 소화할 수 있다면, 육체적, 정신적, 심리적으로 대단히 행복할 수 있습니다.

나아가 식사는 사회적, 조직적 차원에서 신진대사 수단과 인간의 오욕, 그 이상의 의미를 갖습니다. 실제로 한 국가의 최고 통치권자가 타국을 순방할 때면 반드시 국빈을 대접하는 만찬이 상징적인 행사로 거행됩니다. 이렇듯 식사란 시대, 국가, 문화, 인종 등이 달라도 오늘날까지 최고의 친교 모임으로 자리하고 있습니다.

식사, 회식, 만찬 등을 함께하는 대상으로는 가족, 친구, 직장동료, 지인 등이 있고, 목적과 목표에 따라 그 과정이나 방법은 달라집니다. 그렇다면 사회생활하는 가운데 함께 식사하는 이유는 무엇일까요.

첫째로 식사는 원만한 대인관계를 위한 효과적인 방법이기 때문입니다. 인간이라면 누구나 '먹어야 산다'라는 생리 현상이 일어납니다. 그래서 우리는 식사를 함께하며 똑같은, 또는 비슷한 음식을 먹는 동안 일체감과 동질감을 갖습니다.

이는 사우나에서 함께 목욕하며 허물없이 친근한 관계로 다가선다는 개념과도 유사합니다. 식사도 목욕과 비슷하게 자신을 한 꺼풀 벗고 서로에게 다가서는 과정으로 해석할 수 있습니다. 그래서 보통은 편안함과 친근함을 공유하고 싶은 대상과 함께합니다.

일반적으로 자신이 싫어하는 사람과 자발적으로 식사하는 경우는 드뭅니다. 물론 명확한 의도나 목적을 갖고 임하는 식사는 호불호와 관계없이 진행될 수 있습니다.

둘째로 식사는 의사소통의 계기나 기회로 활용됩니다. 식사를 통해 평소 대화하기 어려웠던 화제들의 논의, 그간 소원했던 관계의 재정립, 언로言路: 말의 길를 통한 돌파구로 힘겨운 상황 전환 등은 물론, 이를 통한 상호 이해, 협의, 유대 등

주: 함께합시다.

을 기대할 수 있습니다.

식사 시에는 종종 술이 가미되는 경우도 있습니다. 적당한 수준의 음주는 긍정적 분위기 조성에 도움이 됩니다. 공식적, 형식적 분위기를 호의적, 감성적 분위기로 전환하는 윤활유 역할을 하기 때문입니다. 다만, 음주로 인한 부작용도 있으니 항상 경계할 필요가 있습니다.

셋째로 식사는 소속감을 부여하는 의미로도 활용됩니다. 우리는 국가, 인종, 성별, 문화, 능력, 재력, 학력 등 사회적 조건이 각기 다릅니다. 그런데 이러한 사회적 조건을 기준으로 서열이 매겨지기도 합니다. 인간은 동등한 존재로서 모두 평등해야 하지만 현실은 차별이 난무하는 실정입니다.

그 가운데 함께 식사하는 자리는 사회적 조건과 계급을 일부 내려놓고 '한솥밥'을 먹으며 한식구처럼 활동하자는 상징적인 메시지가 담겨 있습니다. 식사를 함께하며 챙겨주는 모습이 곧 식구食: 먹을 식, 口: 입 구의 모습입니다. 그래서 허물없이 식사할 수 있는 사회적 지인들과 직장동료들은 긍정적인 의미에서 또 다른 가족과 같습니다. 다만, 이런 의미가 계파를 나누는 계기로 작용하지 않도록 주의해야 합니다.

넷째로 식사는 정치적, 전략적, 사교적, 과시적 목적으로 이용되기도 합니다. 이를테면 식사를 통해 재력가, 상위서열자, 고용주, 유명인 등의 사회적 지위를 내세우며, 이에 상응하는 인정과 대우를 받고자 치르는 의식인 셈입니다.

이는 참여자 간 서열과 위계의 질서를 정립하고, 리더십과 충성심을 확인하는 통과의례의 역할을 하며, 필요하면 '갑'과 '을'의 관계도 묵시적으로 재정비합니다. 그밖에 조직을 공고히 하기 위한 마케팅 목적으로도 활용됩니다.

식사를 언급할 때 회식을 빠뜨릴 수 없습니다. 회식은 회사의 분위기에 따라 상당한 문화적 차이가 있습니다. 특히 미국 내 한국계 회사의 경우 회식문화는 CEO의 성향을 비롯해 구성원의 인종과 연령 분포에 따라 각양각색입니다.

따라서 미국 내 한국계 회사에서 생산적인 회식을 진행하려면 경영진과 회식 주관 부서는 특별히 미국인, 청년, 여성 구성원의 목소리에 귀를 기울여야 하며, 구성원들이 불편한, 또 꺼리는 아래와 같은 부분을 유념하고 근절할 필요가 있습니다.

구성원 의사가 반영되지 않고 갑작스럽게 통보하는 일정, 업무의 연장이라며 참여를 강요, 불참하면 불편하고 불안하게 만드는 분위기, 회식 준비에 업무 외적 시간과 노력을 요청, 경영진의 연설 및 훈시 등을 정형화된 틀처럼 진행, 회식 시 업무 중심 대화로 일관. 위계질서에 사로잡힌 경직된 상황, 불필요하고 부적절한 사생활 간섭 및 충고, 술자리를 빌

> "
> 식사나 회식은 원만한 사회생활을 위해 반드시 필요하며,
> 이를 통해 원활한 소통, 돈독한 관계, 결속력 강화 등의
> 다각적인 효과를 기대할 수 있습니다.
> "

미로 상사나 직장동료 비방, 중도에 자리를 떠나지 못하게 만류, 회사나 업무에 대한 불평불만. 언어폭력, 성차별, 성희롱, 음주 강요…….

식사나 회식은 사회생활과 회사생활에 가운데 필요하며, 이를 통해 원활한 소통, 돈독한 관계, 결속력 강화 등의 효과를 기대할 수 있습니다. 하지만 식사나 회식이 항상 긍정적인 결과를 낳지는 않으니 상황에 따라 부정적인 결과가 나타나지 않도록 주의해야 합니다.

이처럼 식사는 우리의 삶과 일에 중요합니다. 그렇다면 이쯤에서 여러분에게 '식사 한번 합시다!'라고 제안할 만한 사람들이 떠오르시나요. 동시에 여러분이 '식사 한번 합시다!'라고 초청할 수 있는 사람들이 생각나시나요. 사회적인 관계도 좋지만 가능하면 여러분이 편안하게 수많은 사람에게 초대받고, 또 그들을 초대할 수 있는 입장과 상황이면 좋겠습니다.

II

미국 조직
리더 101을 실현하는 'stand'

나의 경영혁신

앞으로 어떻게 살아남아야 하는가?

미국의 백화점 체인 시어스Sears를 기억하시나요?

1892년 시카고에 설립된 시어스는 한때 미국 최대 소매기업이었습니다. 매년 수백 페이지에 달하는 형형색색의 카탈로그를 발행하였고, 저 역시 그 속에서 다양한 상품을 눈요기하던 기억이 있습니다. 수년 전에는 스마트 TV 구매차 직접 들르기도 하였었는데, 시어스는 경영악화로 2018년 파산을 신청하기에 이르렀습니다. 이후 시어스는 대부분의 매장을 청산하며 간신히 명맥만 유지하는 가운데 사업을 정리하는 수순을 밟았고, 2023년 6월 기준 미국과 푸에르토리코에 10여 매장만이 남아 있습니다.

시어스뿐만이 아닙니다. 우리는 코닥Kodak, 제록스Xerox, 모토로라Motorola 등 100년 이상 선도적인 활동을 영위하던 우량기업들이 순식간에 역사의 뒤안길로 사라지는 모습을 눈

앞에서 경험하고 있습니다.

그도 그럴 것이 작금은 제4차 산업혁명4th Industrial Revolution 혹은 디지털 전환digital Transformation 시대입니다. 사물 인터넷, DNA 재조합, 로봇 상용화, 인공지능, 가상현실, 증강현실, 메타버스 등 세상은 무서운 속도로 변혁하며, 우리에게 학습과 적응을 강요하고 있습니다.

그런 만큼 앞으로 세상은 어떻게 변화하고, 인간은 어떻게 대응해야 하는지 생각하지 않을 수가 없습니다. 그 관점에서 현재를 불안하고volatile, 불확실하며uncertain, 복잡하고complex, 애매모호한ambiguous 'VUCA' 시대라고 부르는 것 같습니다.

1994년 아마존Amazon이 설립되었습니다. 아마존은 기존의 종이책과 다른 신개념의 전자책 제작, 판매, 유통을 비롯해 다양한 상품을 사고파는 전자상거래E-commerce 플랫폼으로 자리했습니다. 이를 기반으로 현재 아마존은 각종 미래 사업을 선도해 나가는 중입니다. 여기까지 채 30년이 소요되지 않았습니다.

이제 저도 필요한 물건이 있으면 스마트폰을 통해 아마존 애플리케이션application을 펼칩니다. 상품 확인부터 주문 완료까지 커피 한 잔 마실 시간이면 충분하고, 하루나 이틀 만에 원하는 물건을 집으로 받아보는 편리함과 신속함도 누립니다.

이러한 상황 속에서 기존의 방식대로 사업을 운영하고 업무에 집중하는 회사와 구성원의 미래는 어떻게 될까요?

직접 물건을 사고파는 오프라인 상거래와 달리 생산자, 공급자, 소비자들은 이제 다양한 애플리케이션을 매개로 '플랫폼platform'이라 부르는 온라인 운영 체제 속에서 생산, 유통, 소비를 이어가고 있으며, 이는 원활한 상호작용 속에서 종합적인 비즈니스 모델로 자리 잡힌 지 오래입니다.

그 가운데 2020년 코로나바이러스감염증-19COVID-19가 엄습하며 팬데믹을 불러왔고, 극도로 발달한 문명을 자랑하던 우리는 이 조그만 바이러스에 맥을 못 추게 되었습니다. 이로 인해 재택근무, 비대면 회의, 사회적 거리두기, 비접촉 배달 등 사회생활의 문화와 풍속도 새롭게 만들어졌습니다.

여기에 4차 산업혁명, 그리고 MZ세대의 고유한 사고방식이 혼재하며, 사회생활의 문화와 풍속은 물론 이제는 새로운 생존 방식을 고민해야 하는 순간이 다가왔습니다. 아무래도 '앞으로 어떻게 살아야 하는가?'보다 '앞으로 어떻게 살아남아야 하는가?'에 대해 통찰할 시점입니다.

위에서 언급한 내용 중 핵심 단어는 단연 '변화'입니다. 인간의 역사 속에서 수많은 문명, 인종, 국가 등의 흥망성쇠가 반복되었습니다. 기업도 예외는 아닙니다. 근현대에 걸쳐 대

단히 견고해 보이던 우량기업 중 살아남지 못하고 도태된 사례도 부지기수입니다. 그들이 생존하지 못했던 주요 원인은 변화하지 않고 현실에 안주했기 때문입니다. 과거의 영광은 결코 미래를 보장하지 못합니다.

우리는 흔히 경영혁신Re-engineering이란 표현을 사용합니다. 경영혁신은 경영 관련 전반을 혁신적으로 변화시켜 새롭게 적용한다는 의미로 1980년대 기업에서 유행하던 용어였습니다. 경영학자 마이클 해머Michael Martin Hammer의 정의에 의하면 경영혁신은 '비용, 품질, 서비스, 속도와 같은 경영 성과의 핵심 지표들이 극적으로 개선되고 재창조되도록 일의 과정Business Process을 근본적으로 재고려하고 급진적으로 재설계하는 것'입니다. 여기서도 과감한 변화가 강조되고 있습니다.

변화의 중요성은 생물학자 찰스 다윈Charles Robert Darwin의 적자생존론適者生存論에서도 찾을 수 있습니다. 널리 알려졌다시피 적자생존이란 환경의 변화에 적응하는 생물만이 살아남고, 그렇지 못하면 도태되고 사라진다는 뜻입니다.

이 의미를 조직에 적용하면 '경영환경의 변화에 온전히 대응하고 부단히 성장하기 위해서는 끊임없는 변화를 지속해야 한다'로 해석할 수 있습니다. 이는 3C, 즉 고객Customer, 변화Change, 경쟁력Competitiveness 관점에서 다음과 같이 구체화할 수 있습니다. '회사는 고객Customer과 그들이 포함된 시장의 만족을 위해 존재하는 만큼 지속적, 혁신적 변화Change를 시도하며 경영환경에 대처해 나가고, 이를 통해 경쟁력Competitiveness을 확보해 경쟁우위 속에서 생존하고 성장해야 한다'입니다.

개념적으로든 실질적으로든 경영혁신의 필수불가결 요소인 변화는 비단 문명, 인종, 국가, 그리고 기업에 한정되어 있지 않습니다. 개개인에게도 동일하게 적용됩니다.

국가별로 다소 차이는 있지만 대체로 국내총생산GDP의 비율은 정부가 상위에, 다수의 기업이 가운데 분포되어 있고,

> "
> 경영혁신의 필수불가결 요소인 변화는
> 비단 문명, 국가, 기업에 한정되어 있지 않습니다.
> 개개인에게도 동일하게 적용됩니다.
> "

정부와 기업을 지지하는 기반은 노동력으로 구성되어 있습니다. 이는 국가의 경쟁력이 노동력의 총합이라는 사실을 의미합니다.

여기서 능력. 지식, 기술, 태도 등이 탁월한 노동력은 정부는 물론 회사를 비롯한 영리단체에서 지속적으로 성과를 창출할 수 있어 그 가치를 인정받고 상당한 수준의 책임, 권한, 보상 등을 제공받습니다. 그 때문에 대다수 사람은 사회와 조직에서 핵심 인재로 자리하길 기대합니다.

그러자면 세상의 변화에 주도적으로 대응해야 합니다. 세상의 변화에 적응하지 못하면 사회와 조직에서 활동하기 어렵습니다. 특히 요즘 같은 변화의 소용돌이 속에서는 더욱 그러합니다. 개개인이 핵심 인재로 자리하려면 자신에게 요구되는 능력, 지식, 기술, 태도 등의 필요성을 인지한 후 절실한 심정을 바탕으로 상황에 맞는 부단한 노력을 계속해야 합니다. 그래야 세상의 변화에 대응하는 자신의 변화를 실현할 수 있습니다.

오늘날은 인공지능, 빅데이터, 사물 인터넷, 로봇, 드론, 자율주행 등 기술의 변화를 대변하는 용어가 일상에 자리 잡았습니다. 그래서 그와 관련 있는 능력, 지식, 기술, 태도 등을 보유한 인재가 각별히 인정받고 있습니다.

이러한 세상을 살아가는 만큼 생존과 성장을 위한 개개인의 변화는 당장 실행돼야 합니다. 육하원칙에 따른 목적과 목표 속에 명확하게 삶과 일의 청사진을 디자인한 후 견고한 포부 가운데 구체적인 세부 계획을 수립해야 합니다. 이를 통해 사회와 조직에서 인재로서 인정받게 됐다면 일차적으로 '나의 경영혁신'은 실현된 셈입니다.

저 또한 그때그때 변화를 위한 삶과 일의 청사진을 수립하며 살아왔습니다. 그중에 각별히 마음에 새기고, 아직도 진행 중인 수십 년 전의 제 다짐이 기억납니다.

"나는 일평생 가족이 웃음을 잃지 않고, 마음의 건강을 유지하도록 책임과 의무를 다하며, 자녀들이 정신적, 감성적으로 풍요롭게 살아갈 수 있게 지지할 수 있는 능력을 갖추고자 최선을 다하겠다."

말과 행동 사이

승자는 행동으로써 말을 입증한다

 오래전 제가 몸담았던 조직 중 능력, 경력, 학력 등의 측면에서 수많은 구성원의 부러움을 사던 J라는 임원이 생각납니다. 그는 업무를 수행하고, 회의에 참여하는 가운데 항상 논리정연했고, 빈틈을 찾기 어려웠습니다. 또한 경영, 정치, 사회, 역사, 철학 등 그 어떤 분야를 막론하고 상당한 지식을 갖추고 있었습니다. 비평과 평론 시 탁월한 언변은 흡사 컨설턴트 수준이었습니다. 게다가 누군가에게 자신을 소개할 때는 순수한 모습도 엿보였고, 의견을 피력할 때는 겸손한 모습으로 다가서며 상대방과의 관계를 이어갔습니다.

 그러던 어느 날, 의도치 않게 그가 도덕과 윤리에 어긋나는 행위들을 일삼고 있다는 사실을 알게 되었습니다. 그 순간 그의 이중적인 면모에 그동안 쌓여 있던 긍정적인 이미지는 순식간에 사라졌고, 씁쓸한 실망감만 남았습니다.

실제로 그는 사적인 용도의 지출을 내내 회사 비용으로 처리했고, 사내 비품을 자신이 소유하며 집으로 가져가기 일쑤였습니다. 쓰레기도 함부로 버렸고, 세면대에 침도 뱉는 등 여기저기에서 그릇된 활동을 확인할 수 있었습니다.

대학大學과 중용中庸에는 '신독愼獨'이라는 표현이 등장합니다. 자신의 격을 갈고닦으려면 타인에게 인정받기 위해 행동하지 말고, 오히려 홀로 있을 때 부적절한 활동을 더욱 삼가야 한다는 의미입니다. J라는 임원은 이를 거꾸로 실천한 것 같습니다.

승자는 행동으로써 마음을 움직한다

텍사스 휴스턴에는 레이크우드Lakewood 교회가 있습니다. 규모가 상당한 이 교회는 조엘 오스틴Joel Osteen이라는 목사가 방송으로 설교를 하곤 합니다. 가끔 저는 퇴근길 차 안에서 그의 설교를 듣습니다. 그 가운데 특별히 기억에 남는 일화가 있습니다.

유독 바람이 거셌던 토요일 오후였습니다. 볼일을 마치고 교회로 돌아와 주차한 조엘 오스틴 목사는 차에서 내린 후 서류 가방을 챙기려고 뒷좌석 문을 열었습니다. 그 순간 서류 가방 위에 두었던 신문이 바람결에 날아가며 사방팔방 흩어졌습니다.

당시 커다란 주차장에 주차된 차도 소수였고, 주위에 사람도 없었으며, 어차피 청소하는 교인도 따로 있어서 그냥 지나쳐도 문제는 없을 것 같았습니다. 하지만 동시에 다음과 같은 생각이 교차했습니다.

'조엘, 너는 이 교회의 목사야. 누가 있든 없든 모범적인 모습을 실천해야 해.'

망설임도 잠시 그는 여기저기 뛰어다니며 흩어진 신문지를 주워 모으기 시작했습니다. 여전히 바람이 휘몰아치는 탓에 신문지들은 제자리에 있지 않고 계속 날아다녔습니다. 그래서 그는 이리저리 신문지들을 쫓아다녔습니다.

한참의 시간 후 신문지를 모두 주워 모은 그는 차로 돌아오고 있었습니다. 그때 이상한 느낌에 고개를 돌리니 제법 거리가 떨어진 저편에서 누군가 반갑게 손을 흔들고 있었습니다. 가까이 다가가서 확인하니 친분이 있는 교인 부부였습니다. 교인 부부는 그 상황을 모두 지켜보고 있었습니다.

"저희는 목사님이 신문지를 줍는지, 안 줍는지 내기하려고 했었어요. 물론 저희의 생각이 동일해서 내기가 성립되지는 못했죠. 역시 예상했던 대로 목사님이 신문지를 줍는 모습에 저희는 너무 기뻤습니다."

그 순간 조엘 오스틴 목사의 등에 식은땀이 흘렀습니다.

만약 그가 신문지를 줍지 않고 그냥 교회로 들어갔다면 어떻게 되었을까요?

옛 성현들은 언행일치의 중요성을 짚어주곤 하였습니다. 동시에 자신의 얘기에 대해 책임지는 태도도 강조하였습니다. 말이란 입 밖에 나오는 순간 아무리 주워 담고 싶어도 되돌리기가 불가능합니다.

이러한 이치를 인지하면서도 우리는 생각이나 감정의 흐름대로 말하고, 그 때문에 일을 그르치고 후회하는 경우도 적지 않습니다. 그리고 순간을 모면하기 위해 마음에도 없는 빈말이나 지키지도 못할 거짓말도 하며, 자신의 가치관이나 신념과 다르더라도 인간관계를 위해 상대방의 의견에 동조하기도 합니다. 그런가 하면, 자신의 체면을 세우고 허세를 부리기 위해 감당하지 못할 약속을 남발하기도 합니다.

사회생활이나 회사생활에서 말은 소통과 교류의 핵심 수단일 뿐만 아니라 사람의 품격을 가늠하는 주요 지수이기도 합니다. 우리는 상대방이 구사하는 말의 내용과 수준을 통해 어느 정도 상대방을 파악할 수 있습니다.

이처럼 말은 특별하며, 이러한 말의 마무리는 대개 행동을 통해 매듭지어집니다. 실제로 말과 행동이 일치하면 신뢰도와 신용도는 높아집니다. 말과 행동이 일치하기 위한 핵심은 진실한 마음입니다. 진실한 마음에서 우러나오는 말은 대부분 신뢰할 수 있는 행동으로 이어집니다. 이는 우리가 직접 경험한 사실이기 때문입니다.

겉과 속이 같다는 말은 말과 행동이 일치한다는 의미와 일맥상통합니다. 사람의 귀가 둘이고, 입이 하나인 이유도 상대의 말은 경청하고, 자신의 말은 신중하라는 신의 메시지인 것 같습니다. 이는 두 배로 세심하게 듣고, 조심스럽게 한 번만 말하자는 뜻으로 해석할 수도 있습니다. 실제로 진중한 사람은 말수가 많지 않습니다. 하지만 말수는 적어도 표현하는 단어나 문장에서 속 깊은 진심을 느낄 수 있습니다.

탈무드에는 '패자는 말로써 행동을 변명하고, 승자는 행동으로써 말을 입증한다'는 격언이 있습니다. 여기서 패자를 우둔한 자, 승자를 현명한 자로 바꾸어 자신에게 적용할 필요가 있습니다. 개인, 가정, 사회 속에서 각각의 역할에 임할 때 나는 우둔한 자입니까, 현명한 자입니까?

우리는 언행이 무거운 사람에게 품위를 느끼고, 가벼운 사람은 속되다고 생각합니다. 이러한 시각 때문에 정치인을 비롯해 대중에게 상당한 영향력을 선사하는 인사는 더욱 모범적인 언행을 갖춰야 합니다. 특히 종교인은 사람들을 올바르게 인도하겠다는 막중한 사명 의식 속에 존경과 존중을 불러일으키는 언행과 태도를 내재해야 합니다.

하지만 역사적으로 권력과 이익이 집중되는 곳에는 종교를 포함해 분야를 막론하고, 비도덕적, 비윤리적 비리들이 발생하곤 합니다. 대기업에 필적하는 조직력 속에서 불의한 활동을 자행하는 종교인, CEO를 능가하는 권세로 신도를 이용하는 종교인, 거짓말도 서슴지 않으며 시민들을 선동하고 음해하는 정치적 성향의 종교인 등의 모습은 미디어를 통해 종종 발견되고 있습니다. 이러한 일부 몰지각한 종교인들의 오점이 그렇지 않은 종교인들에게 부정적인 영향을 미치지 않기를 바랄 뿐입니다.

머릿속 생각이 정리되어 있으면 논리적으로 말하기 용이합니다. 지혜, 지식, 정보 등은 이지적, 합리적, 현실적 표현 능

> "
> 탈무드에는 '패자는 말로써 행동을 변명하고,
> 승자는 행동으로써 말을 입증한다'는 격언이 있습니다.
> 이는 자신에게 적용할 필요가 있습니다.
> "

력을 발휘해 그 내용을 말을 통해 오롯이 전달할 수 있습니다.

그런데 생각으로만 의사를 표현하면 자신의 감정과 감성을 온전히 전달할 수 없습니다. 그래서 말에는 생각과 함께 마음이 스며 있어야 합니다. 마음은 감정과 감성의 본체이며 기쁨, 행복, 배려, 포용 등의 긍정적 부분과 슬픔, 좌절, 분노, 증오 등의 부정적 부분을 동시에 표출할 수 있습니다. 마음의 상태가 어떠하든지 자신의 감정과 감성을 솔직히 표현할 때 말은 진정성 바탕의 설득력을 갖추게 됩니다.

우리는 믿음을 달리 신뢰라는 한자어로 표기하기도 합니다. 여기서 믿음을 뜻하는 신信이란 글자는 사람 인人자와 말씀 언言자가 합해진 한자어입니다. 이는 '사람의 말'로 풀이되고, '사람의 말이 올바르면 믿음을 주고받는다'로 그 뜻을 해석할 수 있습니다.

사람의 말에는 생각과 마음이 담겨 있습니다. 그렇다면 믿음이란 사람의 말에 담겨 있는 생각과 마음이 올바를 때 상대에게 각인되는 가치입니다. 생각과 마음이 올바르다는 것은 반드시 진실한 행동이 뒤따를 때 입증될 수 있습니다. 사실 말이 어눌하더라도 진실한 행동이 뒤따른다면 믿음은 싹틀 수밖에 없습니다. 그 관점에서 저는 백 마디의 화려한 언변보다 솔선수범하는 진정한 행실이 훨씬 중요한 것 같습니다.

말과 행동 사이는 가까워야 합니다. 그리고 가볍지 않고, 투명하고 분명해야 합니다. 따라서 우리는 궁극적으로 말과 행동을 하나로 인식할 필요가 있습니다. 이는 자신과 상대를 향한 약속이기 때문입니다.

리더 진단법

그 관리자는 자신이 무엇을 모르는지 모른다

　회사에는 경험과 타성을 바탕으로 관성적으로 업무를 수행하는 일부 구성원이 있습니다. 그들은 자신의 업무 역량이 준수하다고 생각하며, 종종 타 구성원에 대해 평가하고 비판하기도 합니다.

　이는 조직 내 목불견첩目不見睫에 해당하는 사례입니다. 목불견첩은 눈은 눈썹을 들여다볼 수 없다는 고사성어로 속뜻은 타인의 허물은 쉽사리 발견할 수 있지만 자신의 모습은 제대로 파악하지 못한다는 의미입니다.

　회사생활 중에는 자기중심적인 사고에서 벗어나 상대를 존중할 필요가 있습니다. 관리자라면 더욱 그러해야 하며, 자신을 향한 조언과 충고도 객관적이고 이성적으로 받아들여야 합니다. 그 관점에서 관리자들과 구성원들을 진단할 수 있는 사례들을 언급하고자 합니다.

우선 조직의 구성원들을 대상으로 다음의 선택지 중 특정 관리자를 설명하는 가장 적절한 답변을 요청하는 방법입니다.

> ① 그 관리자는 자신이 무엇을 아는지 알고 있다.
> ② 그 관리자는 자신이 무엇을 모르는지 알고 있다.
> ③ 그 관리자는 자신이 무엇을 아는지 모르고 있다.
> ④ 그 관리자는 자신이 무엇을 모르는지 모르고 있다.

참고로 '무엇을'은 특정 관리자의 장단점, 역량, 성격, 태도 등을 의미하며, '알고 있다'와 '모르고 있다'는 인식하거나 인정한다, 또는 인식하지 못하거나 인정하지 못한다는 의미입니다.

①과 ② 유형은 일단 자신을 성찰, 분석, 평가한 관리자입니다. 자신의 수준을 인식하거나 인정하고 있으므로 자신의 행동에 대한 잘잘못을 구분할 수 있습니다. 그래서 향후 자기관리를 통해 자신의 단점을 개선할 수 있는 가능성이 높습니다.

③ 유형은 자신에 대한 관심도나 신중도가 낮은 관리자입니다. 그들은 업무적으로 도전정신이 부족하고, 대인관계를 가볍게 생각하는 경향이 있습니다.

그런가 하면 ④ 유형은 요주의 관리자입니다. 자신에 대한 성찰, 분석, 평가가 부족할뿐더러 그들의 결정과 선택은 위험하고 부정적인 결과를 초래할 수 있습니다. 왜냐하면 '굳이 알고 있을 필요가 없어', '설령 모른다고 해도 괜찮아' 같은 자만감과 안일함 속에 행동할 수 있기 때문입니다. ④ 유형의 성향이 오랜 시간 동안 고착되면 자기중심적으로 구성원 위에 군림하려는 안하무인의 관리자로 변질될 수도 있습니다.

다음은 실제로 제가 관찰했던 세 명의 중간 관리자를 대표적으로 들여다보고자 합니다.

첫째로 'K'라는 중간 관리자는 자신이 수행하는 업무에 대해 엄청난 자긍심과 자신감을 갖고 있었습니다. 자신이 잘할 것 같고, 좋아하는 업무에는 회사의 요구나 그 중요도에 상관없이 자발적으로 신나게 매진했습니다. 때로는 밤샘도 불사하며 집중적으로 시간을 투자했습니다. 하지만 K는 그저 자기만족에 따라 업무를 수행했기에 일의 우선순위는 뒤죽박죽이고, 시간 관리도 엉망이었습니다. 이러한 시간과 노력의 불균형은 또 다른 중요한 업무에 부정적인 영향을 미치곤 했습니다. 그 때문에 직장동료들이 업무의 우선순위와 시간 관리 관련 조언도 했지만, 그때마다 K는 감정적으로 반응하며 조직의 분위기를 부정적으로 몰고 갔습니다.

둘째로 'L'이라는 초급 관리자는 사내 행사 관련 적정 선물

그러다가는 머릿속이 머듭다

의 후보군과 가격대를 간추려 보고하라는 부서장의 지시를 받았습니다. 부서장은 그간의 경험상 두세 시간 정도 소요될 것으로 판단했습니다. 하지만 L은 부서장의 예상과 달리 후배직원까지 대동해 온종일 웹사이트를 검색하며 필요 이상으로 시간을 투자했습니다. 그로 인해 당장 시급한 업무들이 모두 연기되었습니다. 부서장이 해당 사안을 지적하자 L은 자신의 노력을 몰라준다며 서운한 기색을 비쳤습니다.

K와 L의 사례를 통한 시사점은 중요합니다. 실질적으로 구성원들의 업무 기여도를 평가하려면 구성원별로 업무에 대

한 지식과 경험을 포함한 역량, 업무 중요성, 시급성, 난이도 관련 이해력, 업무를 객관적이고 이성적으로 대처하는 관리력 등을 함께 고려해야 합니다. 물론 업무는 100% 이상 달성하는 편이 가장 이상적이겠지만, 80% 수준만 달성하더라도 수용이 가능합니다. 따라서 업무 수행 시 반드시 고수해야 하는 원칙은 가장 중요한 일을 우선하고 상대적으로 중요하지 않은 일을 뒤로해야 하는 것입니다. K와 L이 범했듯 우선순위의 착오로 발생한 시간과 노력의 낭비는 회사의 생산성을 저하하는 주요 원인이기 때문입니다.

이러한 상황을 방지하려면 업무 책임자는 사전에 업무 담당자에게 우선순위를 언급하고, 그 배경을 이해시키며, 계량적인 평가 잣대를 설명하고, 마감일을 지정하게 협의해야 합니다.

셋째로 'P'는 자신의 업무를 매우 좋아하고, 업무 관련 시간과 노력의 투자가 타 관리자보다 월등한 자기 주도적인 관리자입니다. 그런 만큼 일에 대한 소유욕은 타의 추종을 불허합니다. 가정생활이 가능한가 싶을 정도로 회사에 상주하며 업무에 몰두합니다. 또한, 성격이 다소 고집스럽고 감정적이다 보니 타인과 소통 시 선택하는 언어와 대응하는 태도는 상당히 원색적이고 호전적입니다. 그러한 P의 업무 중에는 타 부서와 협업하는 프로젝트도 많았습니다. 물론 P는 타 부서와 협업을 수행할 때도 밤낮없이 일에 몰두하였습니다. 하지만 P가 협업에 참여하는 동안 타 부서와의 논의 및 합의 과정에서 수시로 문제가 발생했습니다. P는 타 구성원들과 이견이 있으면 논리적, 합리적 논의가 아닌 감정적, 호전적 소통과 태도로 일관했습니다. 그래서 타 부서와 구성원들은 P와 함께하는 협업을 기피하기에 이르렀습니다.

P는 업무에 대한 역량이 우수하고, 태도나 자세가 열정적이었지만 협업을 원활하게 수행하지 못해 기대에 못 미치는 결과를 초래했습니다. P를 생각할수록 '빨리 가려면 혼자 가고 멀리 가려면 함께 가라'는 조언이 떠오릅니다.

이상의 사례를 통해 짚어봐야 하는 교훈은 바로 '열심히 일한다'와 '효과적으로 일한다'를 구분해야 한다는 점입니다. 우리는 회사에는 열심히 일한다는 표현을 곧잘 듣습니다. 그렇다면 열심히 일하고 있지만 도무지 감당하기 어려우니 인력을 충원해 달라는 요청은 어떻게 받아들여야 할까요. 이는 파킨슨의 이론 Parkinson's law에서 나타난 '구성원 수는 업무량에 직접 비례하지 않고 심리적 요인에 의해 계속 늘어난다'라는 대목을 고려해 판단할 필요가 있습니다.

업무 수행 시에는 중요한 일도 있고, 덜 중요하지만 시급

> "
> '열심히 일한다'와 '효과적으로 일한다' 사이의 경계는
> 업무 당사자의 역량도 영향을 미치지만,
> 관리자들의 가치관과 소통력 등에 크게 좌우됩니다.
> "

한 일도 있습니다. 업무 수행의 핵심은 산재한 업무를 가장 효율적인 과정을 통해 가장 효과적인 결과를 도출하는 것입니다. 업무 수행 시 아무리 최선을 다해도 그 시간과 노력이 효율성과 효과성으로 연결되지 못한다면 성과 없이 업무량만 증가하게 됩니다. 간혹 성과가 없어도 열심히 일한다고 충성과 헌신 관점에서 긍정적으로 평가하는 경우도 있습니다. 이는 효율성과 효과성을 추구하며 성과를 창출한 구성원들에게는 상대적인 박탈감을 유발하기도 합니다.

'열심히 일한다'와 '효과적으로 일한다' 사이의 경계는 업무 당사자들의 역량도 영향을 미치지만, 관리자들의 가치관과 소통력 등에 크게 좌우됩니다.

협업이 빈번한 관리자라면 프로젝트에 따라 자신의 역할을 명확히 이해하고, 스스로 업무 관련 역량, 경험, 장단점, 접근법 등에 대한 지속적인 성찰, 분석, 평가가 필요합니다.

관리자에 따라 회사를 이롭게 하겠다는 명분을 내세웠지만, 실제로는 자신의 관심도와 선호도에 따라 업무를 수행하는 경우가 있습니다. 이 상황에서는 궁극적으로 회사의 이익에 기여하기가 어렵습니다.

아울러 관리자는 구성원들과 그들의 직무에 관심과 정성을 들여야 합니다. 구성원들의 태도와 자세는 물론 업무 내용과 수행 방법 등의 상세 사항도 명확하게 파악해야 합니다. 이를 원칙으로 행동할 때 구성원에게 올바른 지시와 제안, 충고와 개선, 그리고 결과와 성과에 대한 객관적, 합리적 평가를 공정하게 할 수 있습니다.

평생 학습 시대

누구에게든, 어디에서든 배울 것은 있다

 4차 산업혁명이 시작되었다고 입을 모으는 요즘입니다. 기술의 변화가 선도하는 세상의 변화는 가히 광속이라 이를 만큼 빠릅니다. 하루가 멀게 새로운 지식, 정보, 단어 등이 확산되는 가운데 이를 이해하기 위한 노력이 때때로 버겁게 다가오기도 합니다.

 하지만 이러한 변화에 대해 MZ세대인 청년층은 생활의 일부로 받아들이며 살아가고 있습니다. MZ세대는 기술의 변화에 민감하고 편안하게 반응합니다. 특히 디지털 원주민이라 불리는 Z세대는 태어나는 순간부터 디지털 환경 속에서 살아가고 있습니다. 인터넷, 모바일, 인공지능 등의 활용이 일상화되어 있으며, 계발과 투자 등 자신을 중시하고, 수평적 관계, 개성의 존중 등을 기본적인 생활상으로 살아가고 있습니다. 그 속에서 '욜로YOLO: You Only Live Once'나 '소확행

(소소하지만 확실한 행복)' 같은 신조어도 탄생시키며, 현시대의 정치, 경제, 사회, 기술 등과 연계해 기성세대와 차별화된 모습으로 새로운 사회상과 문화상을 형성하고 있습니다.

그렇다면 MZ세대는 베이비 붐baby boom 세대를 비롯한 부모 세대를 어떻게 정의하고 있을까요?

저와 같은 베이비 붐 세대는 지난날 국가의 경제 성장과 가정의 재정 확보를 위해 부단히 일하고, 저축하며, 상황에 따라 사회를 위한 희생도 감수해야 한다고 배웠고, 그렇게 실천하며 살아왔습니다. 이러한 모습이 MZ세대에게 답답함, 고리타분함, 구태의연함 등으로 내비치진 않을까 우려도 됩니다.

이처럼 세대를 통해 확인할 수 있듯이 세상은 변화무쌍하

누구에게든, 어디에서든 배울 것은 있다

며, 그 속에서 새로운 문화가 창조됩니다. 우리는 그 환경에 적응해 나가며, 자신의 가치를 추구하고 도전하면서 타인과 협력하고 경쟁하며 살아갑니다.

변화가 일상인 시대에 자신의 가치를 극대화하기 위한 필수 요소는 바로 학습, 곧 배움입니다. 자신의 역량을 계발해 시대와 환경이 요구하는 사람이 되려면 항상 세상에 대한 관심과 호기심을 바탕으로 자기 주도 학습을 생활화해야 합니다.

이와 연관해 독수리가 새끼들을 키우는 과정이 생각납니다. 독수리는 절벽에 둥지를 틀고 새끼들을 기릅니다. 새끼들이 어릴 적에는 둥지 속을 풀과 털로 부드럽게 만들고, 입 속에 먹이도 넣어 줍니다. 하지만 새끼들이 어느 정도 자라면 둥지 속이 불편하게 풀과 털을 치워 버립니다. 그래서 새끼들이 둥지 밖에서 활동하며 날갯짓하도록 유도합니다. 동시에 먹이도 둥지 속에 던져 둬서 힘센 새끼가 먹이를 독차지하더라도 약한 새끼를 도와주지 않습니다. 심지어 약한 새끼가 힘센 새끼한테 부리로 조여 피투성이가 되더라도 관여하지 않습니다. 여기서 새끼들이 더욱 자라나면 알려졌다시피 절벽에서 떨어뜨립니다. 새끼들은 날갯짓이 서툴러 이내 추락하고 맙니다. 독수리는 새끼들이 일정 부분 추락하면 그제야 낚아채서 둥지에 다시 데려옵니다. 이 행위의 반복 속에 새끼는 날갯짓을 배우고, 끝내 스스로 날아가는 법을 터득하게 됩니다.

이러한 독수리의 가르침은 시사하는 바가 적지 않습니다. 무엇보다 우리에게 수많은 난관과 위기가 도사리는 사회라는 정글 속에서 스스로 체험하며 학습해야 살아남을 수 있다는 사실을 얘기하고 있습니다.

사회나 조직에서 무엇을 배우는 활동은 근육을 키우는 이치와 비슷합니다. 사람의 몸에는 600개 이상의 근육이 존재합니다. 각 근육은 호흡, 혈액순환, 식사, 운동 등 고유의 역할 속에 인간의 활동에 모두 관여합니다.

우리는 꾸준한 근력 운동을 통해 누구나 근육질의 멋있는 체형, 이른바 '몸짱'으로 변모할 수 있습니다. 하지만 몸짱도 근력 운동을 지속하지 않으면 근육은 사라지고 맙니다. 아울러 특정 근육의 발달이 건강을 의미하진 않으며, 신체적 제반 활동에 모두 능수능란하다는 뜻도 아닙니다.

이와 유사한 현상은 회사에서도 발견할 수 있습니다. 직장인에게는 업무 관련 지식과 기술 이외에도 소통력, 리더십, 배려심 등 인간관계 차원의 역량들이 필요합니다. 인간관계 차원의 역량들은 수치화하기 어렵습니다. 왜냐하면 심리, 정서, 감성 등 지극히 개인적, 주관적 요소와 관련이 깊기 때문

> "
> 변화가 일상인 시대에
> 자신의 가치를 극대화하기 위한
> 필수 요소는 바로 학습, 곧 배움입니다.
> "

에 이론만으로는 한계가 있고 체험을 병행하며 습득할 수밖에 없습니다.

따라서 사회나 조직에서 이상적으로 활동하려면 지식과 기술에 해당하는 특정 근육은 물론 인간관계 차원에서 요구되는 다양한 근육을 전반적으로 발달시켜야 합니다.

근력 운동에는 노력과 시간이 수반됩니다. 또한 통증과 부상이 따르기도 합니다. 그러나 평생 배우겠다는 열정과 의지를 바탕으로 이를 꾸준히 감수해 나갈 때 지식과 기술은 물론 그 외 각종 역량에 해당하는 근육이 자라나 사회나 조직에서 성공적으로 활동할 수 있습니다.

안하무인眼下無人이라는 표현이 있습니다. '눈 아래 사람이 없다'라는 뜻으로 타인을 무시하는 교만한 사람을 일컫습니다. 이러한 사람의 특징은 자기중심적이며, 돈, 권력, 명예, 체면 등으로 머릿속이 가득 차 있습니다. 그래서 잘난 척, 아는 척, 있는 척 등 '척'하며 살아가곤 합니다. 게다가 자신의 고정관념을 신뢰하기 때문에 변화하고 있는 세상, 즉 기술은 물론 생활, 문화, 의식 등을 받아들이지 않는 모습도 종종 발견됩니다.

조직관리 측면에서 이러한 사람은 위험합니다. 조직 분위기에 부정적 영향을 미치는 주요 대상은 능력이 부족한 구성원이기보다는 오히려 교만한 관리자인 경우가 많습니다. 교만한 관리자는 옳고 그름을 떠나 자기주장이 확고하며, 오만 때문에 자기 발전을 위한 노력에는 더딥니다. 그리고 진정성 있는 신념보다는 편견으로 대인관계를 맺는 탓에 구성원과 마음을 나누기 어렵습니다. 당연히 구성원 역시 그들을 기피합니다.

배움에 대한 목적과 이유가 분명하고, 진실, 근면, 겸손한 가운데 미래 지향적인 태도와 자세를 갖추고 있다면 세상은 배움터 그 자체입니다. 하늘, 산, 바다 같은 자연은 물론 동물, 식물, 곤충 같은 생명 속에서도 배울 것은 상당합니다.

진정한 리더는 배움에 대한 태도와 자세가 남다릅니다. 대부분 독서를 생활화하고 깨닫는 바를 항상 메모합니다. 그리고 지위 고하를 떠나 상대방의 생각과 행동을 존중합니다.

반면 보스boss는 우두머리, 곧 꼭대기에 군림하려 들기에 더 올려다볼 곳 없이 시선을 아래로 내리깔고 사람들을 바라봅니다. 행여 꼭대기에 머무를 자격이 충분하다고 부추기는 사람이라도 있으면 오만으로 가득해집니다. 그들에게 배움에 대한 의지나 노력은 찾아보기 어렵습니다.

그렇다면 사회생활 속에서 배움을 일으키는 동기부여의 원동력은 무엇일까요. 크게 양 갈래로 대변되는 이유를 생각할 수 있습니다. 첫째는 경쟁우위를 차지하기 위한 자존과 열정이며, 둘째는 자기 계발을 위한 진정성과 겸허함입니다.

실제로 존경받는 고승 중에는 득도를 위해 용맹정진勇猛精進, 하안거夏安居, 동안거冬安居, 면벽 수련, 명상 등 숨을 거두는 순간까지 처절할 정도의 수행을 지속하며 끊임없이 배움을 추구하는 분들이 많습니다. 그들은 학문을 익히고, 지혜를 깨닫고, 인생을 헤아리며 세상을 밝히고자 힘쓰고 있습니다.

벼는 익으면 고개를 숙입니다. 이는 속을 충실히 채워 자아실현을 행하는 모습과 닮아 있습니다. 이 과정에서 자존심, 경쟁심, 시기심 등은 사라지고, 차분하고, 여유롭고, 인자하고, 단호하며 명쾌한 모습이 나타납니다. 저 역시 진정으로 배움을 실천하는 분들을 본받아 비움으로 속을 채우는 수양을 지속해 나가고자 합니다.

프로와 아마추어의 차이

토끼와 거북이에게 묻다

　주말에는 농구, 야구, 미식축구, 골프, 아이스하키, 축구 등 수많은 스포츠가 TV에서 방송됩니다. 이러한 스포츠 중계 사이에는 경기 중 휴식 시간break time을 통해 유명 회사들이 다양한 마케팅을 실행하며, 흥미로운 광고를 내보내고 있습니다. 현재 미국에서 초당 광고비가 가장 비싼 프로그램은 미식축구 결승전인 슈퍼볼Super Bowl입니다. 이때 업계를 선도하는 굴지의 회사들이 새롭게 제작한 광고를 선보이면 시청자들은 치열한 경기의 흥분과 더불어 창의적 광고가 선사하는 색다른 재미를 맛보곤 합니다. 최근에는 한국 회사들 역시 이 광고 대열에 합류하며, 그 영향력을 넓히고 있습니다.

　현재 수많은 스포츠 중계는 프라임 타임에 진행되고 있습니다. 더구나 슈퍼볼과 같은 스포츠 경기에 엄청난 마케팅 투자를 한다는 것은 해당 프로그램에 그만한 가치를 부여한다는 의미입니다. 암표 한 장에 수천 불 이상을 호가하는 슈퍼볼이 시작되면 미국 전역의 차로와 거리는 한산해집니다. 대신 스포츠 바sports bar가 있는 식당과 술집은 초만원을 이루며, 가정에서도 가족들, 혹은 친구들이 모여 경기를 즐깁니다. 또한 이날은 1년 중 감자칩과 맥주가 가장 많이 판매되는 날이기도 합니다.

이처럼 수많은 사람이 스포츠에 열광하는 이유 중에는 경기에 몰입해 나가며 재미와 감동 속에 명승부를 그려내는 프로 선수들이 있기 때문입니다. 물론 고등학교나 대학교 때 탁월한 실력과 명성을 날리는 아마추어 선수들도 있긴 합니다.

사실 프로와 아마추어는 실력 측면에서 차이는 나겠지만, 그 격차는 작을 수도 있습니다. 하지만 아마추어와 비교해 프로에 대한 관심도와 연봉의 차이는 엄청납니다. 이같이 큰 격차가 발생하는 이유는 프로라는 세계의 매력이 남다르기 때문입니다.

무엇보다 프로 선수는 각본 없는 드라마를 자주 연출합니다. 이 드라마는 시청자들의 상상을 초월하고, 손에 땀을 쥐는 극적인 장면이 펼쳐집니다. 예상치 못한 반전도 일어나고, 도저히 불가능한 상황이 실현되는 가운데 시청자들은 열광하고, 대리만족도 느낍니다.

그 때문에 미국에서 유명한 프로 선수들은 저명인사와 동격이며, 수많은 청년의 롤 모델role model이기도 합니다. 그들은 이러한 유명세와 함께 광고모델로서도 활동하며 가히 천문학적 수익을 올리고 있습니다.

프로와 아마추어의 차이는 크게 다음과 같이 요약할 수 있습니다.

첫째, 수입의 차이입니다. 아마추어에 비해 프로는 다방면에서 수입이 상당합니다.

둘째, 영역의 차이입니다. 실력이 뛰어난 아마추어라 하더라도 프로에 입성할 가능성은 낮습니다. 프로의 세계는 최상위 실력자들이 입문하고, 경쟁하며, 생존합니다. 그리고 최상위 실력자도 지속적인 성과를 보여주지 못하면 도태됩니다. 그래서 부상이나 기복 없이 부단히 자신의 실력을 유지

토끼와 거북이에게 묻다

하는 것도 프로의 능력입니다.

셋째, 관심의 차이입니다. 아마추어는 개인보다는 학교나 단체가 관심의 기준입니다. 하지만 프로는 해당 구단을 비롯해 개개인의 일거수일투족이 관심의 대상입니다.

혹자는 '아마추어는 한계점에 도달할 때까지 도전하는 사람'이며, '프로는 한계점에 도달하면 그때부터 자신의 가치를 보여주는 전문가'라고 정의하기도 했습니다. 실제로 우리는 스포츠 경기에서 한계에 다다른 프로들이 열혈 팬조차 포기한 불가능한 상황에서도 기적처럼 골을 득점해 전세를 역전하는 경우를 종종 목격하곤 합니다.

프로와 아마추어는 스포츠 세계에만 존재하는 것이 아닙니다. 이 개념은 사회의 전 분야에 대동소이하게 적용되며, 그 핵심은 노력입니다. 지능 지수가 높다고, 재능이 뛰어나다고 성공이 보장되어 있지는 않습니다.

세계적으로 유명한 강수진 발레리나는 널리 알려졌다시피 매일 새벽 5시경 일어나서 2시간 이상 스트레칭 후 열다섯 시간 이상 발레 동작을 연습했다고 합니다. 그 속에서 토슈즈 toe shoes는 시즌마다 250여 개를 교체해야 했습니다. 그녀가 공개한 상처투성이로 변형된 발에는 화려하고 우아할 것만 같은 발레리나의 피나는 노력이 드러나 대중에게 깊은 감동을 선사했습니다.

작고한 세계적 지휘자이자 피아니스트인 레너드 번스타인 Leonard Bernstein은 '하루를 연습하지 않으면 내가 알고, 이틀을 연습하지 않으면 아내와 가족이 알고, 사흘을 연습하지 않으면 관객이 안다'고 얘기한 바 있습니다. 이는 우리에게 노력이 무엇인지 진지하게 생각해 보게 합니다.

유명 저널리스트이자 작가인 말콤 글래드웰 Malcolm Gladwell의 저서 《아웃라이어 Outlier》에도 특정 분야에서 최고 수준으로 인정받고 성공한 사람의 경우 대부분은 거의 죽음을 각오하고 필사적으로 노력했다는 사실이 나타나 있습니다.

10년 동안 하루에 3시간씩 투자하면 1만 시간을 넘어섭니다. 《아웃라이어》에는 이 정도 노력하고 연습하고 집중할 때 그 무엇을 실현할 수 있다고 강조하고 있습니다. 하지만 생업을 병행하며 10년 동안 하루에 3시간씩 무언가에 투자하기란 어려운 도전입니다. 따라서 《아웃라이어》에서 제시하듯 하루에 3시간씩 투자하진 못하더라도 꾸준히, 쉬지 않고, 규칙적으로 그 무엇을 위한 노력을 계속할 때 성과가 실현될 수 있다는 사실을 기억하고 상황에 맞춰 실행하면 좋겠습니다.

여러분은 자신과의 경쟁과 도전을 위해 벤치마킹하는 대상이나 방법이 있습니까? 벤치마킹은 특정 분야, 제품, 제도

> "
> 프로와 아마추어의 차이는 사회 전반에 적용되며,
> 그 핵심은 노력입니다.
> 지능 지수가 높다고, 재능이 뛰어나다고
> 성공이 보장되어 있지는 않습니다.
> "

등 자신이나 자신의 회사와 비교할 만한 대상을 우선적으로 선정해야 합니다. 이때 벤치마킹 대상은 자신이 목표로 삼을 만한 탁월한 이유가 분명해야 합니다. 그리고 벤치마킹 대상을 이길 수 있도록 노력해야 하고, 이를 위해 자신부터 이길 수 있도록 힘써야 합니다.

강수진 발레리나는 누군가가 시켜서 발가락이 변형되도록 연습하지 않았습니다. 그녀는 프로의 세계에 존재하기 위해 자발적으로 자신을 부단히 갈고닦았습니다. 그 관점에서 하루 3시간씩 10년 이상 그 무엇을 위해 노력하겠다는 자신의 다짐을 실천하는 모습은 위대하기까지 합니다.

자신이 생각하는 부분에서 프로가 되기로 결심했다면 기본적으로 갖춰야 하는 요소들이 있습니다. 무엇보다 긍지, 소망, 각오, 열정, 인내 등으로 무장한 마음가짐이 필요하며,

동시에 목표 설정, 기초 실력 확보, 실천 계획 등의 구체적 방향을 수립해야 합니다. 그리고 이를 행동으로 옮기는 실행력이 중요합니다.

여기에는 평소 제가 애용하는 공식을 활용하길 권장합니다. 바로 'P=T×E'입니다. 'P'는 결과와 성과Performance, 'T'는 능력과 기술Talent, 'E'는 실행력Execution을 뜻합니다.

'토끼와 거북이' 이야기에서 토끼처럼 능력이 아무리 특별해도 게으름을 부리며 실행하지 않으면 결과는 '제로zero'입니다. 반면 거북이처럼 능력은 다소 부족하더라도 지속적으로 실행한다면 정도의 차이는 있지만 의미 있는 성과를 창출할 수 있습니다.

위 공식에서 'P'를 'Professional'로 변경해 적용하면 자신의 능력과 기술에 최고의 실행력을 더할 때 프로, 곧 전문가로 자리할 수 있다는 결론이 도출됩니다. 간단하지만 쉽지 않은 엄정한 위 공식을 우리가 수시로 생각하며 살아가길 희망합니다.

눈높이 일치화

아빠가 알려주는 내용을 잘 이해할 수 없어요

지금은 장성해 전문 영역에서 일하는 두 딸이 중고등학교에 다닐 때였습니다. 저는 딸들의 교육에 도움을 주고 싶었습니다. 저는 대학에서 전공이 화학공학 및 산업공학이었고, 직장생활 초기에는 엔지니어로 역할을 수행했던 만큼 여느 과목 중 상대적으로 수학만큼은 자신이 있었습니다. 그래서 딸들에게 수학을 가르치기로 마음먹고 나름대로 방안을 강구하였습니다.

당시 제게 당면한 문제는 크게 두 가지였습니다. 첫째는 영어식 수학 용어가 제게는 생소하다는 점이었고, 둘째는 미국식 수식 개념 정립과 문제 풀이 과정이 한국식과 다르다는 점이었습니다. 제가 제시한 방법대로 접근한다면 문제를 훨씬 빨리, 쉽게 풀 수 있었습니다. 하지만 딸들은 자신들이 학교에서 학습한 방법과 아빠가 알려준 방법 사이에서 혼란을

아빠가 알려주는 내용을 잘 이해할 수 없었어요

겪고 있었습니다. 그 속에서 제 순수한 의도와 정성은 아버지와 딸들 사이의 미묘한 갈등으로 바뀌게 되었습니다. 아무래도 근본적 대안이 필요하다는 생각에 솔직하고 부드럽게 딸들에게 물었습니다.

"아빠가 가르쳐 준 내용이 어때, 도움이 돼?"

어느 정도 예상은 했지만, 딸들에게 부정적 대답을 듣게 되었습니다.

"풀이 과정도 다르고, 아빠가 알려주는 내용을 잘 이해할 수 없어요."

"맞아요. 그리고 자꾸 못한다고 혼내니까 겁나고 재미도 없어 별로 배우고 싶지 않아요. 저도 친구들처럼 '프린스턴 리뷰Princeton Review'라는 학원에 다니고 싶어요."

딸들과 얘기하던 중 제 속마음을 몰라주는 듯해 은근히 서운하기도 하였습니다. 하지만 한편으로 저는 딸들에게 더욱 재미있게 수학을 가르쳐 주기 위해 새로운 방법을 찾아보기 시작했습니다. 특히 프린스턴 리뷰라는 교육기관에 대해 구체적으로 조사했습니다.

우선 웹사이트를 통해 교육프로그램을 확인한 후 실제로 인근의 학원을 찾아가 문의도 하였습니다. 그 가운데 강사를 상시 채용한다는 정보를 얻었고, 구체적인 학습 과정을 파악하기 위해 고민 끝에 강사 지원서를 제출하였습니다. 그 후 채용 시험을 위해 지정된 시간에 인근 중학교에 방문하였습니다. 그곳에는 약 500명의 시원자가 모여들었고, 약 2시간 정도 수학 시험을 치르게 되었습니다. 일주일 뒤 저는 이메일로 1차 합격통지와 함께 오리엔테이션에 대한 공지를 안내 받았습니다. 그리고 공지에 따라 방문한 장소에서 약 100명 정도의 1차 합격자들과 함께 다음 수순을 밟았습니다. 오전에는 교수법을 비롯한 교육 내용에 대한 수업을 들었고, 오후에는 오전에 학습한 내용을 바탕으로 강의를 시연하게 되었습니다. 강의를 시연하는 과정은 채용 심사의 일부분으로 프린스턴 리뷰 관리자들은 평가 후 부적격자들을 탈락시켰습니다. 다행히 저는 이 과정을 통과했고 약 한 달간 추가 강사 교육을 받은 다음 최종적으로 40명의 파트타임 강사 중 한 명으로 자리할 수 있었습니다.

저는 딸들의 교육 지원이 목적이었던 만큼 프린스턴 리뷰 강사 증명서를 딸들에게 보여준 다음 프린스턴 리뷰가 제공하는 교재 중심의 교수법과 교육 내용 기준으로 수학 공부를 다시 제안하였습니다. 딸들은 수락했고, 이후 딸들에 대한 교육 지원은 제가 계획했던 대로 긍정적으로 마무리되었습니다. 그간의 제 활동에 가족들은 칭찬과 감사를 아끼지 않았고, 그래서 더욱 보람찼던 기억으로 남아 있습니다.

위 과정에서 성찰할 수 있었던 교훈은 크게 두 가지입니다. 먼저는 제 주장이나 고집이 아닌 딸들의 눈높이에 맞는 미국식 교육 방식을 통해 딸들이 이해하기 쉽게 공부할 수 있었다는 점이고, 다음은 학원 강사로 자리하면서까지 최선을 다한 아빠의 정성과 노력이 딸들에게 사랑과 신뢰를 구축하는 계기가 되었다는 점입니다.

사회생활도 마찬가지입니다. 친구, 지인, 동료, 상하관계 간 효과적인 의사소통과 바람직한 관계 정립에는 '눈높이 일치화'라는 개념이 크게 도움이 됩니다. 미국인 구성원에게는 'Eye level synchronization'이라고 저는 설명합니다.

이 눈높이 일치화에는 필수적으로 요구되는 네 가지 요소가 있습니다. 바로 '능력(지식과 기술), 경험(혹은 경륜), 성격, 동기 부여' 수준이며, 이를 종합적으로 고려해야 합니다. 이 요소들을 눈높이 일치화에 접목하는 과정은 다음과 같습니다.

첫째, 자신과 상대를 대상으로 위 네 가지 요소의 수준과 내용을 파악합니다. 이를 '상호 준비도readiness level 조율'이라고 저는 표현합니다. 이를테면 지식, 경력(경험), 성격을 비롯해 소통 주제에 대한 관심도와 적극성 등의 수준에 대한 자신과 상대의 준비도와 그 차이를 점검하는 것입니다.

둘째, 소통이나 대인관계의 주체는 자신이지만 준비도의 기준은 자신이 아닌 상대라는 사실을 명심하고, 이를 위한 노력이 필요합니다.

셋째, 상대의 눈높이 수준에서 소통과 대인관계를 시작한 후 화기로운 분위기를 이어갑니다.

넷째, 어느 정도 친밀감이 형성되면 자신의 준비도 수준을 조심스럽게 상대방의 수준에 접목시키며, 눈높이 일치화의 접점을 조율합니다.

사람들의 지식과 기술 수준은 천차만별입니다. 사회 및 조직 생활을 통해 축적한 경험 또한 나이나 지위 등과 연계해 상당한 차이가 나타납니다. 성격 역시 외향적, 내성적, 긍정적, 부정적 등으로 다양하고, 자발성의 척도인 동기부여 수준, 관심도, 절실함, 적극성, 열정 등에 따라 달라집니다.

하지만 통상적으로 가정, 회사, 조직 등에서 문제나 과제를 해결할 때 부모, 상사, 책임자 등은 자신의 준비도 기준으로 접근하곤 합니다.

이는 말썽꾸러기 세 살배기와 그 엄마의 소통을 통해 확인할 수 있습니다. 대부분의 엄마는 논리성과 합리성에 입각한 이유를 앞세우며 아기를 달래거나 혼내지는 않습니다. 그리고 아기가 곧바로 잘못을 인정하고 반성하며, 행동을 개선하리라는 기대도 하지 않습니다. 왜냐하면 대부분의 엄마는 세 살배기의 수준을 알고, 그 준비도를 파악하고 있기 때문입니다. 그래서 그들은 세 살배기의 입장에서 가장 쉽고 빠르게 설득할 방법을 찾아내 시도할 것입니다.

물론 이 예시처럼 서로의 수준 차이가 확연하고 문제나 과제 주관자의 준비도가 훨씬 높다면 눈높이 일치화는 상대적으로 쉽사리 진행될 수 있습니다. 하지만 회사나 조직에는 복합적 역학관계들로 인해 상호 준비도 파악이 어렵고, 그래서 눈높이 일치화를 못하는 경우가 많습니다. 특히 상사나 책임자가 상대방의 준비도 수준을 고려하지 않고, 자신의 수준을 기준으로 특정 기대치의 과제를 추진한다면 관계자들은

> 눈높이 일치화를 위한 필수 요소는
> 능력, 경험, 성격, 동기부여 수준이며,
> 이를 종합적으로 고려한 후 적용해야 합니다.

모두 소통과 대인관계에서 만족도가 저하될 수밖에 없습니다. 이는 역량 수준이 월등한 구성원이 비슷한 직급의 구성원을 무시하는 경우에도 비슷한 결과가 나타납니다.

따라서 효과적인 의사소통과 바람직한 관계 정립을 위해서는 자신을 낮추는 마음, 상대를 존중하는 자세, 서로의 윈윈 win-win을 위한 관심, 인내, 동기부여 등의 지혜가 필요합니다.

제가 프린스턴 리뷰 강사 역할을 통해 배웠던 긍정적 의사소통과 부녀간 관계 정립의 사례는 가정, 회사, 조직 등에 전반적으로 적용할 수 있는 개념이며 방법입니다.

자신에 대한 성찰과 겸손, 상대를 위한 진심과 정성, 함께 나아가기 위한 긍정성과 목적성을 기반으로 눈높이 일치화를 단단하고 투명하게 지속적으로 실천한다면 저마다의 자리에서 훌륭하게 자신의 역할을 수행하리라 확신합니다.

세상은 자신이 서 있는 위치와 자세에 따라 다르게 보이는 법입니다. 자존심 꼿꼿이 세우고 땅을 내려다보면 눈 아래로는 시시한 광경만 나타납니다. 하지만 무릎을 꿇고 하늘을 올려다보면 가슴 위로 인상적인 풍경이 펼쳐집니다.

개선과 성장을 위한 변화는 선택 아닌 필수

나는 우물 안 개구리인가?

한 회사에서 일정 기간 이상 근무하면 자신의 직무는 물론 회사의 문화를 비롯해 직장동료의 생각, 성격, 업무 스타일 등에도 익숙해집니다. 저의 경우 인사 및 조직 관리 관련 업무 특성상 머릿속에 구성원의 명부, 프로필, 성격, 특징, 장단점, 평가 등을 지속적으로 업데이트하며 기록하였습니다. 비슷한 맥락에서 여타 사람들도 방식은 다르지만 수시로 저를 평가하고 있을 것입니다.

대다수 사람은 자신과 직접적인 관계가 없는 타인에게도 평가받고 있는 사실을 거의 인식하지 못합니다. 하지만 이처럼 비공식적으로 은연중 평가받은 내용이 보다 객관적이고, 성장에 도움이 될 수 있습니다.

널리 알려졌다시피 '360도 피드백(평가)'라는 제도가 있습니다. 말 그대로 자신을 중심으로 360도, 즉 다방면에서 업무

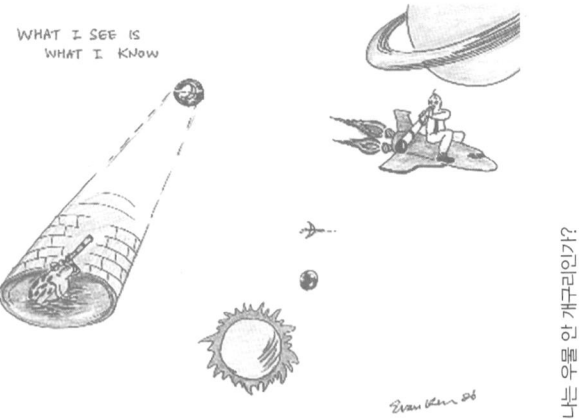

연관성이 있는 수평, 그리고 상하의 구성원들이 자신을 평가하는 제도입니다. 최근 상당수 회사에서 360도 피드백을 전통적 평가 제도와 병행해 사용하고 있습니다.

통상적인 업무평가는 공정성과 객관성을 위해 정량적 항목이 우선 열거됩니다. 주로 연초에 목표를 지수 형태로 설정한 성과 지수KPI: Key Performance Indicator 위주로 설정됩니다. 여기에 계량화가 용이하지 않은 정성적 항목, 예를 들면 태도, 자세, 소통, 관계 등과 같은 항목들이 추가됩니다.

하지만 360도 피드백의 경우 정성적 항목에 더욱 비중을 두고 있습니다. 피평가자의 태도, 자세, 소통, 관계는 당연하고, 조직 내 핵심가치 공유나 리더십 수준 등과 같은 주관적인 측면을 다양한 구성원으로부터 파악합니다.

아울러 360도 피드백은 무기명으로 평가되고, 그 결과는 피평가자에게 전달됩니다. 타인이 자신을 바라보는 관점을 파악할 수 있고, 자신의 장단점과 개선점 등을 구성원들이 솔직하고 명확하게 표현할 수 있습니다. 그리고 자기평가와 비교해 그 차이점도 확인할 수 있습니다.

360도 피드백을 통한 기대효과는 구성원들의 평가를 통한 자신의 성찰과 개선입니다. 다만, 일부 평가자의 자질과 감정 개입으로 피평가자를 마녀사냥식의 여론몰이로 희생시키는 부작용도 발생할 수 있기 때문에 진행 절차와 결과 수집 때 신중을 기해야 합니다.

360도 피드백 시 대체로 상대방 평가에는 신랄하고 비판적인 편이지만 자신을 평가할 때는 상대적으로 관대하고 우호적인 편입니다. 이처럼 자기평가가 대부분 긍정적이다 보니 여타 평가자들이 자신을 평가한 내용과는 상당한 차이가 발생하는 경우가 부지기수입니다.

그중 자기평가에서 심각한 문제성 유형은 '자신이 무엇을 모르고 있는지 모르는 관리자'입니다. 그들은 무지, 과신, 나태 등의 이유로 자신의 장단점과 잘잘못을 제대로 파악하지 못하면서 뭐든 알고 있는 듯이 행동하기도 합니다. 그들에게 충고나 지적 없이 그 상태가 지속된다면 문제는 확장될 수밖에 없습니다. 특히 그들의 지위가 핵심 임원으로 영향력이 상당하다면 그 조직은 유형적이든 무형적이든 부정적인 상황에 노출될 가능성이 높습니다. 아마도 구성원의 불만과 침묵은 늘어날 것이고, 조직의 사기와 생산성은 저하될 것이며, 유능한 인재들은 떠나고 상사 맞춤형, 혹은 아부형 인력만 남아 있을 것입니다. 이러한 경우는 현대의 조직뿐만 아니라 역사 속에서도 쉽사리 찾아볼 수 있습니다.

'우물 안 개구리'라는 속담이 있습니다. 자신이 경험한 우물 안을 세상의 전부로 인식하고 우쭐댄다는 의미입니다. 이는 경영학적 측면에서 '패러다임paradigm'으로 설명할 수 있습니다. 패러다임은 달리 고정관념으로 표현됩니다. 이는 자신이 당연하게 여기는 생각과 행동이며 존재성과 정체성으로 나타나는 이념과 성향이기도 합니다. 우물 안 개구리처럼 자신의 패러다임 내부에 안주하고, 그곳만이 옳고 바른 세상이라고 생각하는 사람은 단절된 세계관을 가질 수밖에 없습니다. 역사적으로 조선 말기 쇄국정책을 고집한 흥선대원군이 그 예입니다.

'강한 자가 살아남는 것이 아니라 변화하는 자가 살아남는다'는 표현은 우물 안 개구리처럼 자신의 고정관념만 고집하

> "
> 변화는 자신의 현주소를 파악한 후
> 개선과 성장을 위한 긍정성과 적극성 속에서
> 겸손함과 절실함으로 다가설 때 가능한 과정입니다.
> "

는 사람에게 경종을 울리는 메시지라고 생각합니다. 특히 요즘처럼 시시각각 급변하는 사회, 경제, 기술, 세대 등과 함께해야 하는 상황 속에서 자신에 대한 부단한 점검과 개선은 선택이 아니라 필수입니다.

물론 개인이 아닌 조직의 경우 규모가 클수록 변화의 필요성을 인지하더라도 실행하기가 어렵습니다. 이때 변화는 톱Top에서 주도해야 신속하고 효과적으로 진행될 수 있습니다. 가정에서도 주요 과제에 대해 어른들이 판단하고 결정해서 모범을 선보이듯 회사에서도 경영진이 변화 의지와 노력을 표출하면 조직과 구성원은 대부분 따르게 됩니다.

혹여 회사가 변화와 개선의 기로에 서 있다면 그 취지와 내용들은 긍정적, 합리적, 논리적, 상식적, 인간적으로 조직에 동일하게 전달돼야 합니다. 동시에 이 변화와 개선의 시작은 사장을 포함한 경영진이 앞장서야 합니다. 경영진의 솔선수범이 뒷받침되지 않는 변화와 개선은 결코 성공할 수 없습니다. 실제로 자신은 변화와 개선을 시도하지 않고 구성원들에게만 변화와 개선을 주문한다면 상사의 권위에 마지못해 일시적인 시도는 하겠지만, 지속적으로 효과적인 성과를 창출하기는 어렵습니다.

개인이나 조직은 신년을 맞으면 새로운 목표를 수립하곤 합니다. 계량적 목표는 명확히 구현할 수 있으나 리더십, 관계성, 실행력, 마인드셋 등의 비계량적 목표는 주관적이고 상대적이라 목표 설정과 평가가 쉽지 않습니다. 그래서 비계량적 목표는 개념적 단계를 넘어서지 못한 채 그 결과가 피상적 수준에 그치는 경우가 다반사입니다. 따라서 비계량적 목표는 실제로 추진하는 구성원들이 수월하게 계량적, 현실적, 상식적 형태의 실천 지침to-do list으로 단순화하고 가시화해서 공유되는 편이 바람직합니다.

변화는 자신의 현주소를 파악한 후 개선과 성장을 위한 긍정성과 적극성 속에서 자신을 낮추고 절실한 마음으로 다가설 때 가능한 과정입니다. 이러한 전제 조건으로 무장되어 있다면 이제 실질적으로 변화의 이유, 목적, 실천 지침 등을 정리한 후 즉각적으로 솔선수범하며 행동에 옮겨야 합니다. 그러면 개선과 성장을 위한 변화는 시간문제입니다.

직장동료를 마주하는 거리

난로 대하듯 하라

우리는 인간관계가 사회, 조직, 일상에 상당한 영향을 미친다는 사실을 체감하고 있습니다. 그 관점에서 미국 내 저명한 연구기관에서 '친근한 인간관계가 회사에 미치는 영향'에 대해 수년간 조사한 바 있습니다.

연구에 따르면 회사에서 친밀도가 높아지는 이유는 비슷한 경험을 통해 공감대가 형성됐기 때문입니다. 동문, 동창, 동향은 물론 과거 동일 회사 근무 경력이나 동일 취미 동호회 소속 등 유사 가치를 공유한 경우가 대부분입니다.

아울러 친근한 인간관계의 장점은 어렵고 힘들면 서로를 의지하고 격려하며 그 상황을 극복합니다. 업무 협조 시에도 긍정적, 적극적 자세로 도와주고자 힘씁니다. 반면, 단점은 사적인 이유로 업무 시간을 불필요하게 낭비한다는 점입니다. 또한 조직의 부정적 측면, 부당한 처우, 싫어하는 직장동료 등에 대한 동조와 위로 속에 불평, 루머, 비방 등을 생산하기도 합니다. 그리고 조직 내 사적 모임이 형성되며, 모임 간 경쟁, 질시, 모함 등의 상황도 발생하곤 합니다.

위 연구 결과에 나타난 현상을 저 역시 기나긴 사회생활 속에서 경험할 수 있었습니다. 그중에 한 미국 회사에서 근무할 당시의 일화가 생각납니다.

그 회사의 영업 지원 부서에는 미국인 여성 'J'가 수년 동안 선임으로 업무에 열중하고 있었습니다. 그러던 어느 날, 미국인 여성 'R'이 그 부서에 입사하게 되었습니다. 대화 중 J와 R은 대학 동문이라는 사실을 알았고, 공감대 속에 친근해졌습니다. J와 R은 식사는 물론 퇴근도 함께하며 친자매처럼 지내게 되었습니다.

J와 R은 대학 동문이라는 동질감과 동일 부서라는 소속감 속에 안정감이 생겨났고, 결속력도 다질 수 있었습니다. 이러한 현상은 공채 신입사원들에게도 나타나며 해병 같은 특수부대, 심지어 폭력조직에서도 찾아볼 수 있습니다.

하지만 J와 R은 연말 업무평가 이후 동시에 승진하며 관계가 틀어지기 시작했습니다. J의 입장에서 R의 승진은 부당했습니다. R이 아무리 타 회사 경력이 있어도 J는 현 회사의 선임자였기 때문에 R과 동시에 진급했다는 사실은 상대적 박탈감으로 다가왔습니다. 그동안 R에게 베풀었던 호의가 억울했고, R이 관리자에게 아부를 일삼았다고 의심하기도 했습니다.

J는 이러한 불만을 부정적인 모습으로 표출하였습니다. R에게 업무 외적인 대화는 물론 인사도 하지 않았습니다. J는 뒷담화를 일삼았고, 급기야 R은 J와 함께 소속된 사적 모임에서 따돌림을 당했습니다. 그 후 J와 R은 서로에게 침묵으로 일관하며 업무적인 소통까지 이메일로 주고받았습니다. 동료들도 J와 R의 눈치를 살피는 나날이 지속됐습니다.

훗날 J와 R은 서로의 불편한 관계에서 싹튼 불씨로 회사 규

정을 위반하는 사건을 일으켰고, 결과적으로 동시에 퇴사 조치되었습니다.

우정이라 믿었던 J와 R의 관계는 진급으로 틀어졌고, 시기, 뒷담화, 갈등 속에 결국 자신과 조직에 악영향을 미치게 되었습니다. J와 R의 관계는 어쩌면 조직 내 외로움을 비롯한 부정적 감정을 해소하는 창구 역할에 불과했기에 깊이가 부족했던 것 같습니다.

아무리 친밀하더라도 갈등은 언제나 발생할 수 있기 때문에 항상 주의해야 합니다. 심지어 평생을 함께한 부부조차 사소한 말 한마디에 걷잡을 수 없는 다툼에 이르기도 합니다. 그래서 '애인과 친구는 난로 대하듯 하라'는 표현이 생겨난 듯합니다. 너무 가까이하면 열기에 데고, 멀리하면 온기를 느끼지 못한다는 의미입니다.

직장동료가 친근하면 소통도 잘 되고 손발도 잘 맞아 일의 능률이 오를 수 있습니다. 하지만 도가 지나치면 공과 사가 분명하지 않고, 잘못과 허물도 덮어주는 부작용이 발생할 수 있습니다. 특히 형, 언니, 오빠, 누나 등의 호칭을 사용하기라도 한다면 조직 내 위화감이 조성되고, 부적절한 관계로 오해를 사기도 합니다.

회사는 목적과 목표를 함께 실현하고자 설립된 영리단체입

> "
> 사회생활은 인간관계의 연속입니다.
> 인간관계는 우연으로 시작하고,
> 그중에 일부는 인연으로 발전하며,
> 그 사이 절연도 반복하고,
> 극소수만 필연으로 자리합니다.
> "

니다. 따라서 구성원이 자신의 역할보다 개인적인 사내 유대관계를 우선시하는 것은 그다지 바람직하지 못합니다. 구성원은 회사에 머무르는 동안 책임과 권한을 극대화하고 적절한 시기에 떠나는 것이 순리인 것 같습니다.

직장동료의 인연은 오랫동안 지속될 것 같지만, 다양한 사유로 자의 반 타의 반 헤어지는 경우가 다반사입니다. 직장동료가 퇴사할 때 보통은 회식을 통해 이별을 아쉬워합니다. 서로 연락하자고 기약하지만 특별한 이유 없이 그 관계는 이어지지 못합니다. 왜냐하면 영리단체의 목표를 공동으로 추구하던 결속력이 퇴사로 끊어졌고, 최초의 상호 이질적인 관계로 돌아갔기 때문입니다.

인간은 사회적 동물로서 서로 교류하고 협력하며 살아갑니다. 사회생활은 인간관계의 연속입니다. 인간관계는 우연으로 시작하고, 그중에 일부는 인연으로 발전하며, 그사이 절연도 반복하고, 극소수만 필연으로 자리합니다.

그래서 인간관계에 한결같이 신경 써야 합니다. 입사할 때 첫인상도 긍정적으로 남겨야 하지만, 퇴사할 때 끝맺음은 더욱 중요합니다. 이제 주고받을 것도 없고, 더는 마주칠 일도 없다며 그간의 관계를 등한시하는 태도는 옳지 않습니다.

앞날은 아무도 예측할 수 없습니다. '영원한 우방도 영원한 적도 없다'라는 표현이 있습니다. 물론 필요에 따라 동맹이나 친분이 형성되는 의리 없는 세상으로 전락하는 듯한 문구라 씁쓸하기도 합니다.

직장인은 하루의 절반 이상을 회사에서 생활합니다. 서로를 존중하고 이해하며, 조언과 격려로 함께할 수 있는 동료가 존재한다면, 자신 역시 그와 같은 동료로 함께한다면 회사생활을 넘어 인생이 풍요로울 것 같습니다. 문득 프랑스 작가 알베르 카뮈Albert Camus의 얘기가 생각납니다.

> 내 뒤에서 걷지 마라. 내가 이끌지 못할지 모른다.
> 내 앞에서 걷지 마라. 내가 따르지 못할지 모른다.
> 그저 옆에서 걸어가며 친구가 되어다오.

품격 있는 리더의 자세

리더 101을 실현하는 'stand'

 오래전 연말에 진행됐던 사내 회식 때가 기억납니다. 당시 사회를 맡았던 남직원은 회식 때 진행할 게임을 위해 미리 설문지를 돌렸습니다. 설문지에는 다양한 질문이 있었습니다. 그중 '내 신체에서 가장 고마운 곳은?'이라는 질문에 저는 고민을 거듭했고, '발바닥'이라고 작성했습니다. 이후 회식 때 사회자는 제게 발바닥이라고 답변한 이유를 물어봤고, 저는 그 배경을 설명했습니다.

 "우리의 몸에는 눈, 코, 입처럼 특별히 귀중하게 언급되는 기관이 있습니다. 하지만 발바닥은 몸의 최하단에 위치하기 때문에 서 있으면 확인하기도 어려워 우리가 쉽게 잊어버리곤 합니다. 그렇게 우리가 알아주지 않는데도 발바닥은 우리가 온몸을 바로 세우고 활동할 수 있도록 지지하는 시작점의 역할을 충실히 수행하고 있습니다."

리더 101을 실현하는 'stand'

저는 발바닥의 중요성을 짚었지만, 그보다는 세상의 그늘 속에서도 자신의 역할을 묵묵히 수행하는 분들을 생각하며 언급한 상징적인 표현이었습니다. 나아가 '우리가 인생을 살아가는 자세'에 대해 얘기하고 싶기도 했습니다. 이 주제는 실제로 제가 리더십이나 대인관계 관련 구성원 교육 시 자주 다루는 내용입니다.

인간은 서 있거나 앉아 있거나 누워 있는 자세로 삶을 영위합니다. 사회적 활동이 왕성한 시기에는 보통 서서 움직이는 시간이 많습니다. 누군가 서서 움직이는 자세를 살펴보면 간접적으로나마 그의 마음가짐을 가늠할 수 있습니다.

이를테면 군인이나 사관생도는 제식 훈련 시 당당히 가슴을 펼치고, 꼿꼿이 등허리를 세우며 매서운 눈빛 속에 절도 있는 자세를 취합니다. 그 모습에서 우리는 자신감, 강인함, 의젓함 등을 찾아볼 수 있습니다. 반면 쭈그러진 어깨와 굽은 등으로 간신히 서 있는 모습에서 우리는 위태로움, 우울감, 불안함 등을 감지할 수 있습니다.

인간이 서서 움직이는 모습, 즉, 서고, 걷고, 뛰는 모습은 생산적 활동의 상징입니다. 그런 만큼 다양한 지역의 땅을 밟고 서서 걷고 뛰며 다방면으로 사회적 활동에 매진하는 각자의 모습을 그려 보면 좋겠습니다. 이는 영어로 진행하던 교육이기에 'stand'라는 단어를 중심으로 '인생을 어떠한 자세로 살아갈 것인가?'에 대해 짚어보고자 합니다.

'주역 인생'과 '조역 인생'

'stand in the foreground' & 'stand in the background'

우리는 인생이라는 무대에서 주연으로서 세상에 감동과 여운을 전하고, 때가 다하면 박수갈채 속에 퇴장하고 싶은 바람이 있습니다. 동일한 시간을 노력하고 희생하면서도 아무런 관심과 호응도 없이 막이 내리면 쓸쓸히 퇴장하는 엑스트라의 역할은 대부분 생각하지 않습니다.

따라서 우리에게 허락된 시간이라는 공평한 가치 속에서

주역으로 활동하기 위한 목표를 설정해야 합니다. 단, 주역 인생을 살아가려면 피눈물이 흐르는 고충을 감내해야 하는 노력이나 희생도 필요하다는 전제를 잊지 말아야 합니다.

'밑에 서다stand under'와 '위에 서다stand above'

여러분은 누군가의 밑에 서 있습니까, 누군가의 위에 서 있습니까?

우리가 자신을 낮추면 주위 사람은 자연스럽게 높아집니다. 이는 상대에 대한 배려심과 존중감으로 이어집니다. 밑에 선다는 의미는 겸허하게 자신의 자존심과 체면 역시 상대의 아래에 위치시킨다는 뜻으로 각고의 인내와 수양이 필요하지만, 결과적으로는 시소의 원리처럼 자신과 타인 모두 높아질 수 있습니다. 그 과정에서 자신을 향한 타인의 호의와 선의는 물론 존경심도 발견할 수 있습니다.

반대로 우리가 자신을 높이면 주위 사람은 당연히 낮아집니다. 지식과 능력이 출중하고, 관리자나 책임자의 역할에 위치하는 경우 자만과 교만 속에 타인 위에 군림하는 모습이 나타나곤 합니다. 혹자는 이를 당연시 하기도 합니다. 하지만 권력과 지위로 타인의 위에 군림하는 경우 진심으로 자신을 따르는 존재를 찾기란 불가능에 가깝습니다.

> "
> 'stand'라는 단어는
> 인생을 올바로 살아가는 태도는 물론
> 품격 있는 리더로서 성장하기 위한
> 자세와도 깊이 연관되어 있습니다.
> "

'이해하다 understand'

'stand under'의 어순을 바꾸면 'under stand', 즉 '이해하다 understand'라는 단어가 탄생합니다.

우리는 대화나 회의를 하면서 '이해합니다'라는 표현을 자주 사용합니다. 하지만 이해한다면서도 정확한 이해가 부족해 서로의 기대와 다른 상황이 발생하는 경우 또한 빈번하게 경험하고 있습니다.

그 이면에는 자신의 자존심과 체면을 상대에 대한 배려심과 존중감 위에 위치시킨 탓에 상대의 이야기를 경청하지 않고, 자신이 듣고 싶은 내용만 기억하기 때문입니다. 혹은 결론을 이미 정해 놓고, 형식적으로 소통하는 경우 또한 마찬가지 결과를 초래합니다.

따라서 'stand under'의 자세로 자신을 낮추면 상대방의 이야기에 관심과 정성을 기울일 수 있고, 그 의미와 의도에 대해 진정으로 이해할understand 수 있습니다.

'표준standard'

'stand'에 사람을 뜻하는 'ard'를 더하면 기준, 표준, 잣대로 해석되는 'standard'라는 단어가 나타납니다. 우리는 '인생을 어떠한 자세로 살아갈 것인가?'에 대해 고민할 때 명확한 기준과 원칙이 필요합니다. 사회생활이나 조직생활 속에서도 상대방한테는 엄격한 잣대를 들이밀지만, 자신에게는 느슨한 잣대를 적용하는 모습을 우리는 종종 목격합니다. 이는 문제가 발생하면 그 원인에 대해 자신이 아닌 상대나 상황 탓으로 돌리기 때문입니다. 이러한 사람은 자신의 잘못이나 미흡한 역량에 대한 비판 역시 대단히 싫어하는 경향이 있습니다.

하지만 성공하거나 존경받는 리더는 일반적으로 상대보다는 자신에게 아주 엄격한 잣대를 적용합니다. 실제로 세상을 이끌어가는 주역의 반열에 당당히 서려면 끊임없는 도전과 노력이 필요하며, 이를 위한 동기부여와 자기관리 기준을 철저히 수립해야 합니다.

'눈에 띄다standout'

자신에게 설정한 도전적 잣대, 긍정적 태도, 지속적 노력의 결과는 경쟁우위의 모습으로 실현됩니다. 타인에게 앞서는 선도적인 경쟁우위는 대중의 '눈에 띄어' 탁월한 역량을 인정받습니다. 사회나 조직은 그러한 자격과 능력을 갖춘 사람을 리더라고 부르며 앞에 세웁니다. 그리고 자연스럽게 그에 걸맞은 역할들을 부여합니다.

이상에서 언급한 'stand' 관련 주요 개념들 제대로 수행하면 결국 '뛰어나다outstand'라고 존중받습니다. 요약하면 주역 인생을 위해 긍지를 갖고stand in the foreground, 자신을 겸허히 낮추며stand under, 상대를 이해하고자 노력하고understand, 자신의 관리표준을 높여서standard, 전인적인 측면에서 남들을 리드할 수 있도록 사회생활과 조직생활에서 최선을 다하자standout는 내용입니다. 이를 지속적으로 실천하는 사람을 향해 우리는 '탁월하다outstanding!'라며 감탄을 금치 않습니다.

'stand'라는 단어는 '인생을 어떠한 자세로 살아갈 것인가?'는 물론 품격 있는 리더로서 성장하기 위한 자세도 깊이 연관되어 있습니다. 그런 만큼 우리가 세상을 걸어갈 때 매일매일 'stand'라는 단어를 상기한 다음 자세를 가다듬고 당당히 전진한다면 계획했던 목적지에 반드시 도달할 수 있습니다.

인간관계의 윤활유

나를 반갑게 맞이할 사람은 누구인가?

사회에서 활동하다 보면 흔쾌히 만나고 싶은 사람이 있는가 하면, 마지못해 만나야 하는 사람도 있습니다. 분주한 생활 속에서 실질적인 교류나 소통은 적었다 하더라도 긍정적으로 기억하고 있는 대상들은 우리에게 편안함과 그리움을 선사하며, 조우하고 싶다는 생각을 불러일으키기도 합니다. 반면, 신경에 거슬리고 부담으로 다가오는 부정적인 기억의 대상은 우연히 마주치더라도 기피하고 싶습니다.

인간관계는 인생의 목적과 목표 달성에 연관된 2인 이상이 자신이 소속한 지역과 사회에서 서로의 필요를 충족하고자 가치, 문화, 업무, 재정, 정치, 종교 등 다양한 부분에 걸쳐 함께하는 필수적인 상호 작용을 의미한다고 생각합니다. 그 때문에 인간관계를 긍정적이고 올바르게 형성하는 것은 인생을 윤택하게 하는 중요한 과제입니다.

우리의 사회생활은 자신의 선택과 결정에 따라 다양한 모습으로 나타납니다. 대부분 특정 지역 및 유관 그룹 속에서 사회생활의 여러 가지 역할이 결정됩니다. 그 가운데 자신의 의지나 역량과는 관계없이 사회와 조직의 요청에 따라 원하지 않는 환경에 처하는 경우도 발생합니다.

인간관계 정립에는 개인의 학력, 재력, 권력 등의 가시적 요소뿐 아니라 가치관, 성격, 취향 등 비가시적 요소들도 영향을 미칩니다. 아울러 인간관계를 맺는 목적에는 개념적, 철학적, 예술적 이유 같은 형이상학적 측면도 있지만, 일반적으로는 먹고살기 위해, 즉 사회적 생존을 위해 공존하는 경우가 많습니다. 이를테면 서로의 이익을 위한 타협과 거래, 갑을 관계 수립, 대가성 동기부여 공유 등이 그러하며, 경쟁우위를 통한 유·무형적 자원을 더욱 확보하고자 인간관계를 맺기도 합니다.

인간관계는 항상 긍정적이진 않습니다. 우리는 인간관계 속 협박, 폭행, 폭로, 소송 등으로 얼룩진 사건을 신문과 방송에서 심심찮게 찾아볼 수 있습니다. 이는 관계를 정립하는 배경과 의도가 불순했고, 비정상, 비윤리, 비합법 등의 목적과 목표를 추구한 결과입니다. 또한 쌍방의 목적과 목표를 실현하는 가운데 유·무형적 자원이 상호 공평하게 분배되지 않으면 그 관계는 종결되고, 심지어 상대에게 손실을 입히기 위한 시도도 발생합니다.

인간관계 속에는 한결 친근하게 다가설 수 있는 존재도 있습니다. 부부, 부모, 자식, 형제, 그리고 친구가 그렇습니다. 저는 그들과 맺는 관계를 인간적 관계라 부르곤 합니다. 인간적 관계에서 계량적 평가나 판단의 비중은 높지 않습니다. 왜냐하면 인간적 관계는 세상의 목적이나 목표보다는 감정, 생각, 느낌 등의 공유 속에서 사랑, 우정, 행복, 믿음 등의 공통 가치를 추구하기 때문입니다.

따라서 인간적 관계는 격식을 차리거나 체면과 위신을 내세울 필요가 없고, 상대의 수를 읽으며 경계하지 않아도 괜찮습니다. 인간적 관계는 일체감과 소속감 속에 서로를 의지할 수 있으며, 이는 우리가 희망하는 이상적 인간관계로 발전시킬 수 있습니다.

물론 감성과 감정 공유의 부족을 통한 오해와 갈등으로 친근했던 혈연과 지연 관계가 돌이킬 수 없이 나쁘게 바뀌는 경우가 발생하기도 합니다.

인간관계는 사회생활 속에서 매우 중요한 측면이지만 결코 쉽게 감당할 수 없는 과제입니다. 인간관계가 탁월한 구성원은 조직 내에서 존중받고 인정받을 가능성이 높습니다. 그렇

다면 인간관계를 긍정적으로 맺기 위해 요구되는 이른바 '인간관계의 윤활유'에는 무엇이 있을까요?

첫째, 존중이 필요합니다. 사회 및 조직 내 지위나 능력의 고하와 상관없이 상대와 대등한 인격체로서 관계를 맺도록 노력해야 합니다. 이를 위해 교만함과 우월감을 자제해야 하며, 중용中庸을 견지해야 합니다. 중용은 한편으로 치우치지 않고 과부족 없이 중심에서 양편을 모두 포용하는 자세입니다. 중용의 마음을 갖추면 다양한 사람과 원만한 관계를 이어갈 수 있습니다. 특히 사회와 조직 내 권한이 상당한 사람이 겸손히 상대를 존중한다면 그 효과는 두드러질 것입니다.

둘째, 신의(信義)를 지켜야 합니다. 신의란 믿음과 의리를 아우른 단어로 상대를 믿고 마땅히 도리를 지켜야 한다는 의미입니다. 서로의 언행을 신뢰하지 않고, 약속을 이행하지 못한다면 진정으로 깊은 관계는 맺어질 수 없습니다. 따라서 신의의 바탕에는 정직이 전제되어 있습니다.

셋째, 정성과 배려를 다해야 합니다. 형식적인 모습을 지양하고, 진심에서 우러나는 언행으로 상대를 마주해야 합니다. 상대를 사랑까지는 못하더라도 관용은 베풀 수 있어야 합니다. 관용은 상대를 너그러이 포용하는 자세이며 용서한다는 개념도 포함되어 있습니다. 상대에게 정성을 기울이면 자연스럽게 상대가 이해되고, 이는 배려하는 마음으로 발전하게 됩니다.

넷째, 공손한 예의와 올바른 소통 역시 중요합니다. 기본적 예절을 갖추고 상황과 여건을 제대로 판단해야 합니다. 진심으로 상대를 높여주고, 앞세우며, 정중히 칭찬하고, 양질의 언어로 소통해야 합니다. 가급적 비난이나 비판은 하지 말고, 미소와 웃음을 통해 긴장을 해소한 후 긍정적인 관계를 맺을 수 있도록 노력해야 합니다. 이때 '눈높이 일치화'를 활용하면 상호 효과적인 소통을 지속할 수 있습니다.

"
올바른 인간관계를 위한 왕도는 없습니다.
이는 이론적 접근으로 실현되지 않습니다.
무엇보다 서로의 합의를 위해
이해의 접점을 찾고, 조율하는 자세가 필요합니다.

"

올바른 인간관계를 위한 왕도는 없습니다. 이는 지식, 정보, 전략, 기술 등의 이론적 접근으로 실현되지 않습니다. 무엇보다 서로의 합의를 위해 이해의 접점을 찾고, 조율하는 자세가 필요합니다. 동시에 '인간관계의 윤활유'에 해당하는 태도를 내재화하기 위한 지속적인 노력이 선행돼야 합니다.

저는 오랜 직장생활 중 모았던 명함첩을 넘겨보며 각 명함 속 인물들을 회상할 때가 있습니다. 그중에서 나를 반갑게 맞이할 사람과 차갑게 외면할 사람이 머릿속에 가려지곤 합니다. 그러는 가운데 인간관계에서 누구나 자신의 긍정적인 앞모습을 표출하고자 하지만, 훗날의 진실한 관계를 고려한다면 신의, 솔직, 배려 등의 뒷모습도 함께 드러내야 한다는 사실을 겸허히 깨닫곤 합니다.

주고받음의 공식

받기 위해 주는가, 주기 위해 받는가?

　우리의 삶은 주고받음의 연속입니다. 여기서 저는 주고받음을 '나눔'과 동일한 개념으로 사용하고자 합니다. 그 관점에서 나눔은 물리적, 정서적 부분을 함께하려는 사람들과 특정 요소를 공유한다는 의미입니다.

　우리는 일상생활 속에서 상황에 따라 주거나 받는 주체입니다. 역사적으로도 물물 교환은 인간이 거래하는 기본 수단이었습니다. 국가와 조직 역시 국민과 구성원에게 주기도 하고, 받기도 합니다. 국가는 자국민에게 자격과 권리를 부여하고, 그 체제 안에서 보호합니다. 대신 자국민에게 세금을 부과합니다. 조직은 구성원에게 승진과 인정 속에 급여와 복지 등을 제공하고, 반대급부로 구성원의 능력, 경험, 노력 등을 통해 성과와 수익을 창출합니다.

　주고받음의 공식은 비정상적인 상황에서 보다 원색적으로

적용됩니다. 이를테면 강도는 협박을, 사기꾼은 거짓말을 들이밀며 재물을 갈취합니다. 물론 그들은 결과적으로 법적인 형벌도 받습니다.

물론 주고받음의 공식이 예외적인 경우도 있습니다. 일반적으로 부부나 부모와 자식 사이가 그렇습니다. 가령, 부모는 대다수 사랑으로 자녀에게 물리적, 정서적 지원을 다하고, 보람과 기쁨, 또는 걱정과 근심을 돌려받습니다. 이때 부모는 보통 자식에게 계약이나 조건을 달지 않고 사랑으로 마주하기 때문에 주고받음이 공평하지 않다고 해도 문제 되는 경우는 많지 않습니다. 아울러 종교적 차원 역시 주고받음의 공식을 적용하기란 쉽지 않습니다.

오래전 저는 한국으로 출장을 다녀오는 길에 백화점에 들른 적이 있었습니다. 당시 상품권 코너는 장사진을 이루고 있었고, 10만 원짜리 상품권을 다발로 구매하는 사람도 종종 발견할 수 있었습니다. 그때는 '부정 청탁 및 금품 등 수수의 금지에 관한 법률'인 '김영란법'이 발의되기 전이었습니다. 저는 한 장에 10만 원짜리 상품권을 건네받을 상대가 궁금했습니다. 대가 없이 감사의 표시로 선물하기에는 상식을 뛰어넘는 수준이란 생각이 들었기 때문입니다.

사회생활의 대부분은 정도는 다르지만 주고받음의 공식 위에서 펼쳐집니다. 인간의 역사 속에서 주고받음의 공식은 항상 좌변과 우변의 양과 질을 최대한 동일하게 맞추며 상호 균등한 만족도를 추구하는 원리를 갖고 있습니다. 특히 현대 사회는 이 원리가 비정할 정도로 명확하고 계산적입니다. 여기에 최대한 덜 주고 더 받고 싶은 유혹도 함께합니다.

지난날 유교적인 한국인 중에는 미국식 주고받음을 물질주의나 이기주의의 산물이라 비판하기도 하였습니다. 실제로 미국 사회는 주고받음을 최대한 계량화하고, 수치화하려는 경향이 짙습니다. 그리고 계량화, 수치화한 결과치를 비교한 후 합리적이고 공평하다 판단되면 그제야 합의점에 도달합니다.

미국인은 주고받음 속에 자신의 가치와 권리를 극대화하

받기 위해 주는가, 주기 위해 받는가?

고자 하며, 이 부분이 침해받았다고 여겨지면 수순처럼 법적 소송을 진행합니다. 이렇듯 미국인의 주고받음은 확실하고 투명하기 때문에 오히려 뒤끝은 깔끔하게 마무리되는 편입니다.

주고받음은 영어로 'give and take'로 표기됩니다. 'take and give'라고는 표현하지 않습니다. 이는 주는 것이 먼저이고, 받는 것이 나중이기 때문입니다. 이 주고받음이 어우러지면 그것이 곧 나눔입니다.

저는 가장 멋있는 나눔은 조건 없이 따뜻한 마음이 순수하게 깃든 주고받음이라 생각합니다. 대가를 바라지 않고 그저 진심에서 우러나서 나눔을 실천하는 모습은 참 아름답습니다. 우리가 가정은 물론 사회에서 나눔을 실천할 수 있는 부분은 물질적인 측면도 있지만, 사랑, 관심, 배려 등과 같은 정서적인 측면도 많습니다. 그래서 저는 최소한의 물질과 최대한의 마음이 어우러진 나눔이 이상적이라 생각합니다.

우리는 연말연시마다 크리스마스카드와 연하장 등을 주고받곤 합니다. 다만, 최근에는 스마트폰 중심의 소셜네트워크를 활용하는 가운데 손편지와 연하장을 접하기가 어려워졌습니다. 편의를 추구하는 시대의 흐름 탓인지는 몰라도 요즘은 간단히 인사말만 기재하거나 인쇄된 내용에 서명만 넣어 크리스마스카드나 연하장을 발송하기도 합니다. 여러분은 이러한 우편물을 받았을 때 어떠한 생각과 느낌이 들었나요. 저는 발신인이 관행적으로 인사하는 대상 중 1인에 들었다는 생각과 함께 특별히 느끼는 바는 없었습니다.

누구나 올해를 끝맺고 새해를 시작하는 시기는 의미가 남다릅니다. 저는 이 시기를 그냥 지나치기가 늘 마음에 걸렸습니다. 그래서 제 나름대로 주위에 따뜻한 마음을 전달할 수 있는 활동을 기획하였습니다.

저는 매년 11월에 들어서면 그해를 돌아보고, 그간에 인연을 맺었던 사람들의 명단을 정리한 후 그들에게 전하고 싶은 메시지를 세심히 메모합니다. 그리고 각 대상자에게 적절한 카드와 선물을 생각합니다. 추수감사절 전까지 이러한 준비를 마치면 저는 추수감사절 연휴 중 금요일 반나절 정도를 할애해 미리 적어놓은 메시지를 참고하면서 손편지를 써 내려갑니다. 어느 해는 100장 이상의 손편지를 쓰느라 손가락에 못이 박히는 즐거운 아픔을 경험하기도 했습니다. 그렇게 작성한 카드와 선물은 각 대상자가 12월 첫 주에 받아볼 수 있도록 우송하거나 손수 전달합니다.

순수하게 따뜻한 마음을 나누고 싶어 시작한 이 활동이 이제는 저의 연례행사로 자리했습니다. 준비하는 과정에서 발생하는 시간과 비용을 무시할 수는 없지만 벅차도록 다가오

> "
> 주고받음은 영어로 'give and take'로 표기됩니다.
> 'take and give'라고는 표현하지 않습니다
> 이는 주는 것이 먼저이고, 받는 것이 나중이기 때문입니다.
> "

는 저만의 기쁨과 보람에 비할 바는 아닙니다.

우리는 열심히 노력해 획득한 유·무형적 성과나 결과를 귀중하게 생각합니다. 그 맥락에서 절약도 중요한 결실이며, 삶에 중요한 지혜입니다. 주위에는 시장에서 나물 한 줌을 사더라도 값을 깎거나, 양을 보태며 알뜰하게 상품을 구매하는 사람들이 있습니다. 그들은 모아 놓은 쿠폰을 활용하기도 합니다.

다만, 여기서 주목할 부분은 그들 중에는 그렇게 억척스럽게 절약하지만, 누군가에게 도움이 필요하면 조건 없이 나누는 사람이 있다는 것입니다. 우리는 소유가 적은 사람의 작은 나눔을 통해 마음이 따뜻해집니다. 이러한 착한 나눔은 절세와 과시 목적의 고액 기부보다 훨씬 아름다워 잔잔한 감동을 선사합니다.

그런 만큼 진정한 인간관계는 '물질적 주고받음' 행위의 바

탕에 자리하는 '비물질적 마음'이 더욱 영향을 미친다고 생각합니다. 비물질적 마음이 깃든 나눔은 계산이 어렵고 기준도 없습니다. 각자 주관적 가치, 생각, 감정 등이 추가적 정보로 전환된 후 상대에게 느껴지고 전달되기 때문입니다.

일반적으로 우리는 20대 초반에서 60대 중반까지 약 45년 정도 생산 활동 및 소득 창출에 매진하곤 합니다. 우리는 이 기간에 영리 혹은 비영리 조직에서 수많은 사람과 어울리며 사업을 비롯한 사회생활과 직장생활에 집중합니다. 이때 아주 빈번하게 일어나는 활동 중 하나가 교류하는 사람들과 주고받는 나눔입니다. 사람들은 수많은 주고받음의 흔적과 결과를 통해 각자의 경력과 자취를 남깁니다.

우리는 물질 만능의 현대 사회에서 생존, 성과, 성공 등을 위해 공존하고 이익을 분배하며 살아갑니다. 정치적, 경제적, 조직적 측면에서 물질적인 나눔은 필연입니다. 다만, 비물질적 주고받음의 질과 양에 따라 가면과 거품은 걷히고 관계의 수준이 달라집니다.

이상적 관계는 순수하고 따뜻하면서 받는 것보다 주는 것에 집중할 때 가능합니다. 이는 사회적 관계 속에서도 충분히 실현 가능하며, 이를 통해 가족이나 친구와 같은 관계로 발전할 수 있습니다.

저는 가정의 불화, 친구와 절연, 직원 간 갈등 등에 영향을 미치는 주요 요인으로 자기중심적 사고와 감사의 결여를 꼽고자 합니다. 이 두 가지 요인은 주기보다는 받기만 하겠다는 사고가 전제되어 있습니다.

하지만 봉사, 기부, 헌신, 희생 등의 가치를 실현하며 살아가는 사람은 '주는 기쁨이 받는 기쁨보다 크다'고 얘기합니다. 이 표현과 비슷한 관점에서 저 또한 보람된 삶을 추구하며 읊조리는 문장들이 있습니다. '퍼주면 언젠가 돌아온다', '당장은 손해인 것 같아도 결국은 남는다', '물질로 모자란 만큼 마음으로 충족한다' 등입니다.

우리가 '받기 위해 주는' 모습에서 '기꺼이 주고받는' 모습으로 변화하며 삶의 기쁨을 누리길 희망합니다. 저도 받아서 채우기보다는 주면서 비우고 싶습니다. 세상을 둘러보는 여유 속에서 누군가의 필요를 채울 수 있는, 조금 우둔해 보여도 제법 따뜻한 사람이 되고자 합니다.

초심

'never let your guard down'

우리는 사회생활이나 직장생활 속에서 '초심을 잃지 말자'는 표현을 자주 듣습니다. 새해에 계획을 세우거나 각오를 다짐할 때도 초심으로 돌아가겠다고 곧잘 얘기합니다.

초심初心은 한자의 뜻 그대로 '최초의 마음'입니다. 원래 결심한 대로 실행하고 있다면 결연한 표정까지 지으며 굳이 초심을 언급할 필요는 없습니다. 그러나 마음먹은 대로 일이 풀리지 않기에 초심에서 문제의 해답을 찾는 경우가 많습니다.

저마다 차이는 있지만 대개 초심은 절실함, 결연함, 자신감 등이 요구되는 상황에서 각오와 다짐이 녹아 있는 자세와 태도를 통해 계획, 실행, 성과를 실현하려는 마음으로 나타나곤 합니다. 이를테면 사회에 첫발을 내딛는 청년들의 열정, 사업을 시작하는 창업자들의 도전, 글로벌 기업으로 도약하려는 사업가들의 헌신 등도 초심의 모습이라 하겠습니다. 이러한 초심은 그들이 목표에 도달하기까지 강력한 정신적 지주로 자리합니다. 그렇게 일차적으로 성공하게 되면 대다수는 주위의 칭찬과 시선 속에서 잠시 만족과 감사를 느끼지만 그중 일부는 이내 긴장을 풀고 안주하려고 합니다. 이는 유·무형적 성취를 누리는 가운데 애초의 절절한 마음은 사라지고 안이함, 나태함, 오만함 등이 그 자리를 채우기 때문입니다.

그래서 'never let your guard down(방심은 금물이다)'이라는 표현이 생겨났는지도 모르겠습니다. 권투에서 가드guard는 상대편의 주먹을 막고자 양팔을 들어 취하는 기본자세입니다. 이 기본자세 없이는 얼굴과 급소를 보호하지 못해 결코 승리할 수 없습니다.

추우면 집의 소중함을 깨닫고, 굶주리면 음식은 다 맛있기 마련입니다. 그 관점에서 과거에 고생한 경험은 현재의 상황을 감사로 받아들일 수 있는 자양분입니다.

다만, 우리는 안주함을 경계할 필요가 있습니다. 안주함은 소파에 앉아 TV를 시청하다 보면 엉덩이가 점점 밀리면서 급기야 누워 버리게 되는 이치와 같습니다. 안주함, 즉 편안한 삶을 맛보기 시작하면 더욱 편안하고 싶은 유혹에 빠져들고, 결국 게으름이 일상에 자리 잡게 됩니다.

'never let your guard down'

우리에게는 익숙한 방식이나 버릇을 관성에 따라 그대로 유지하려는 성향이 있습니다. 불확실하지 않고 예측이 가능해야 심리적으로 안정되기 때문입니다. 하지만 이러한 상황 속에서 변화, 개선, 혁신을 기대하기란 쉽지 않습니다.

초심의 중요성은 아무리 강조해도 지나치지 않습니다. 대학을 갓 졸업한 신입사원 후보자들을 면접하다 보면 상당한 의욕과 열정을 발견하곤 합니다. 그래서인지 그들이 도전적 태도로 면접관에게 당돌하게 물어보는 질문까지 긍정적으로 다가옵니다.

하지만 이 과정에서 채용된 신입사원 중에는 2~3년 후 의욕과 열정은 온데간데없고 순수함과 정직함도 없이 저조한 성과나 잘못된 결과를 외부나 타인의 탓으로 돌리는 모습을 발견하기도 합니다. 이러한 현상에는 초심의 상실이 주요 원인으로 작용했던 것 같습니다.

 그런가 하면 초심을 입으로만 말하는 경우도 있습니다. 새해에 들어서면 회사마다 시무식을 진행합니다. 그때 경영진은 그해의 계획, 각오, 덕담 등을 공유하곤 합니다. 그런데 제가 기억하는 임원 중에 매년 초심으로 돌아가겠다고 다짐하면서 실질적으로는 행동에 변화가 없는 분이 있었습니다. 그러다 보니 초심으로 돌아가겠다는 진정성을 의심할 수밖에 없었고, 실제로도 그의 정신적 게으름은 변함이 없었습니다. 초심을 언급했지만, 그것은 구성원 앞에서 자존심을 세우고 체면을 살리고 싶은 자기 합리화의 선언이었던 것 같습니다. 그렇게 초심을 입으로만 말하고, 진심과 최선을 다하지 못한다면 연말마다 변명과 후회만 반복될 뿐입니다.

 저는 '아무것도 하지 않는 그것도 버릇이다'라는 표현에 전적으로 공감합니다. 삶 속에서 초심을 한결같이 유지하려면 무엇보다 올바른 습관을 갖춰야 합니다. 머릿속에 떠오르는 생각을 한두 번 실천하는 것은 그다지 어렵지 않습니다. 그것을 지속적으로 실천하는 것이 훨씬 중요하고 어렵습니다.

> "
> 삶 속에서 초심을 한결같이 유지하려면
> 무엇보다 올바른 습관을 갖춰야 합니다.
> 머릿속에 떠오르는 생각의 지속적인 실천은
> 훨씬 중요하고 어렵습니다.
> "

한 연구에 따르면 지속적인 실천을 몸과 마음이 받아들이고 일상화하는 데 소요되는 시간은 66일 정도입니다. 이는 66일 정도 계획을 실행한다면 처음에는 어려워도 그 과정에 점점 익숙하게 되고, 결과적으로 목표를 달성할 확률도 매우 높아진다는 의미입니다.

아직 늦지 않았습니다. 상황이 여의치 않은 분이 있다면 포기하지 말고 진정성이 가득했던 초심으로 돌아가서 처음부터 다시 시작하면 좋겠습니다. 그것이 앞날을 후회 없이 살아가는 길인 것 같습니다.

국가와 조직을 바로 세울 리더의 격格

지知, 신信, 인仁, 용勇, 엄嚴

저는 철이 들어 세상사에 관심을 갖게 됐던 고교 시절부터 지금까지 한국과 미국의 정치, 경제, 사회를 유심히 들여다보고 있습니다.

국가와 조직에는 국민과 구성원을 대표해 활동하는 리더들, 이를테면 정치인, 고위공직자, 법조인, 그리고 기업의 CEO 등이 있습니다. 그들은 국가와 조직을 바로 세우기 위해 사명감과 책임감으로 묵묵히 자신의 길을 걸어갑니다. 그들은 국민과 구성원의 권리와 의무를 대변하는 만큼 격조 높은 언행은 물론 상당한 수준의 도덕적 잣대가 요구됩니다.

대다수 리더는 그 사실을 인지하지만, 그중에는 국민과 구성원 위에 군림하며 그릇된 길로 빠지는 자들도 적잖아 안타깝기 그지없습니다. 특히 정치인과 고위공직자를 관찰한 결과 공통적으로 엿보이는 행보가 많았습니다. 아래는 제가 주

지知, 신信, 인仁, 용勇, 엄嚴

관적 입장에서 정리한 내용입니다.

우선 그들은 상당수 어려운 환경 속에서 유년을 보냈습니다. 하지만 그들은 인생의 목적과 목표가 원대했고 명확했습니다. 그래서 열심히 공부해 명문 학교에 진학하는 경우가 많았고, 학창 시절에는 학생회를 비롯한 다양한 단체를 이끌었습니다.

그 후 정치에 입문하며 그들은 민생 안정과 국민 복지를 추구하며, 올바른 지도자를 꿈꾸었습니다. 일부는 진보, 사회 운동, 반골 등을 기반으로 정계로 들어섰습니다. 그 가운데 그들은 지지 인맥, 곧 후원자의 필요성과 유권자의 중요성을 깨닫습니다.

그들은 영향력 있는 중진 정치인 및 공직자들과 친밀도를 구축하며 충성을 다짐했습니다. 그중에는 학연과 지연의 연결고리가 약화되는 경우도 있으나 실상은 확인할 수 없습니다.

그들은 당선이나 승진을 위해 웬만한 희생은 감수합니다. 정치인의 경우 일단 정의, 정직, 인격, 능력, 경험 등을 갖춘 인간적인 후보자로 대중 앞에 나섭니다. 상황에 따라 배우자와 함께 재래시장에서 큰절도 마다하지 않으며 대대적으로 미디어에 자신을 홍보합니다.

그들은 그렇게 당선과 승진에 이릅니다. 그때부터 문제는 발생합니다. 그들에겐 더는 고개를 숙이지 못하는 목디스크 증세가 속출하고 맙니다.

동시에 술자리를 비롯한 식사자리에서 무전취식을 하고, 연수라는 이름으로 여행을 다니며, 업무용 카드를 개인 용도로 사용합니다. 더러는 유관 기관과 구성원을 심부름 센터화하며, 갑질의 솔선수범을 선보이는 모습이 미디어에 노출되기도 합니다.

이제 그들은 합리성, 객관성, 도덕성과 관계없이 계파로 편을 가르며 자신의 계파만 옳다고 주장합니다. 그 가운데 정책, 이념, 당략은 상황과 필요에 따라 고무줄처럼 변동시키는 능력도 갖춥니다. 그리고 특정 무리를 터무니없이 타자화하며 '우리가 남이가!'식으로 뭉치는 듯하다가도 언제든 돌아설 수 있는 수읽기 내공을 갖추기도 합니다.

이상의 행태들 때문에 저는 어느 시점에 한국 신문이나 뉴스의 입법 및 행정 관련 보도를 외면하게 되었습니다. 정치인이나 고위공직자라는 단어를 듣게 되면 공연히 선동, 협작, 음모, 저질, 군림 등의 이미지들이 머릿속에 떠오르는 것 같아 안타깝습니다. 그래서 저는 직장동료나 지인이 함께하는 모임에서 정치적 이슈가 화두로 거론되면 의도적으로 반응하지 않는 버릇도 생겼습니다. 이는 '우리가 아무리 열을 올리고 침을 튀기며 옳고 그름을 따진다 한들 의미가 없다'는 실망과 포기에서 기인한 무관심인 듯합니다.

실상 권모술수 9단의 고수들이 모인 정치 일번지에서는 국가와 민생을 볼모로 잡고 계파 간 유치한 다툼도 벌입니다. 국민은 이러한 부정적, 소모적, 비윤리적 현실 드라마를 기피하며, 이를 외면하기도 합니다.

국가와 조직의 리더라면 그에 걸맞은 품성을 도야하고, 각 역할에 책임 있게 임하며, 매사 진중하게 행동하는 것은 기본적인 자질이라고 생각합니다. 휴대용 카세트테이프리코더cassette tape recorder인 워크맨Walkmam으로 유명했던 일본의 가전

> "
> 손자병법孫子兵法에 이르기를 장수將帥라면
> 지知, 신信, 인仁, 용勇, 엄嚴의 요건을 갖춰야 합니다.
> 이는 지식과 지혜, 신의와 신념, 인애와 사랑,
> 용기와 기개, 엄격과 법제를 뜻합니다.
> "

회사 '소니sony'가 기억납니다. 경영악화로 위기에 처했던 소니의 기업회생 사례는 세간에 자주 언급되고 있습니다. 평범한 사원으로 소니에 입사한 히라이 가즈오Hirai Kazuo는 2012년 CEO에 오르며 절체절명의 회사를 기존의 제조업에서 현재의 서비스업으로 변모시키며 흑자를 실현했습니다. 이는 국가와 조직을 비롯한 리더의 중요성을 시사하는 사례입니다.

최근 한국의 정치, 경제, 사회를 들여다보면 리더의 중요성은 더욱 강조해도 무방할 듯합니다. 리더는 국가와 조직의 흥망성쇠에 지대한 영향을 미치는 핵심 인물입니다. 국민과 구성원은 그들이 제시하는 비전과 약속을 신뢰하며, 희망과 기대 속에 살아갑니다.

국가와 조직은 규모와 대상만 다를 뿐 목적과 목표, 이를 추구하는 방법은 대동소이합니다. 관건은 리더의 자세와 역량입니다. 따라서 대한민국 국민이, 각 소속 조직의 구성원이 행복과 보람으로 가득하길 진심으로 기원하며, 이를 위한 리더상을 간단히 짚어보고자 합니다.

리더는 무엇보다 사람들 앞에서 함께할 사명을 공유하고, 상황에 따라 이들을 설득시킨 다음 솔선수범하며 인도하는 역할이 요구됩니다. 단, 사명을 제시하고, 그에 따른 계획, 프로젝트, 과제 등을 발표하기 전 선행 과정이 있습니다. 바로 논리적, 합리적, 현실적, 실제적, 상식적logical, rational, realistic, practical, commonly 검토입니다. 이 다섯 가지 측면의 적절성을 따져보고, 국민과 구성원에게 부담스럽지 않게 다가갈 때 다음 수순을 진행하는 편이 좋다고 생각합니다.

이러한 과정을 거쳐 미래의 방향성과 지향점을 비전으로 제시하고, 추구할 사명과 구체적 목표를 공유하며, 국민과 구성원이 더불어 과업을 수행할 수 있도록 모범적으로 앞장서야 합니다. 특히 열정, 정직, 도전, 화합 등의 자세와 태도를 솔선수범해 국민과 구성원 역시 그러할 수 있도록 이끌어야 합니다. 그리고 결과에 대한 평가 역시 투명성, 합리성, 공평성에 의해 수행해야 합니다.

물론 이상적인 리더상이라 현실적이지 않다고 얘기할지도 모르겠습니다. 하지만 이러한 지향점을 추구할 때 올바른 지도

자로서 비로소 진실한 행보를 시작할 수 있다고 생각합니다.

손자병법孫子兵法에 이르기를 장수將帥라면 5대 요건을 갖춰야 합니다. 지知, 신信, 인仁, 용勇, 엄嚴이 그것입니다. 이는 지식과 지혜, 신의와 신념, 인애와 사랑, 용기와 기개, 엄격과 법제를 뜻합니다. 여기서 장수는 지도자, 곧 리더를 지칭합니다. 우리가 '지신인용엄'을 내재화한 리더와 함께한다면 이상적인 국가, 사회, 조직은 자연스럽게 실현될 것입니다.

진정한 전문 관리자

결과 = 능력 × 실행

저는 조직생활 가운데 다양한 역할과 업무에 매진할 수 있었습니다. 전문 관리자 양성도 그중 하나였습니다. 회사의 안정, 변화, 성장에 꼭 필요한 전문 인력들을 확보, 양성, 보존하는 일은 대단히 중요합니다. 전문 인력들을 통해 강력한 경쟁력을 발휘할 수 있고, 나아가 이상적인 회사를 세워갈 수 있기 때문입니다. 또한 이러한 회사의 구성원과 그 가족은 평안 속에서 만족스러운 생활을 영위해 나아갈 수 있습니다.

전문 관리자는 회사의 목적과 목표를 위해 주위 환경 및 상황을 관찰, 분석, 평가, 예측하고, 자신의 기능과 역할을 온전히 수행해 회사의 안정적 성장에 기여하는 책임자입니다. 거기에 구성원을 지원 및 독려하고, 업무를 효율적, 효과적으로 배분하며, 최대의 성과를 창출할 수 있도록 지지하는 리더십까지 갖추고 있다면 더할 나위 없이 이상적입니다.

전문가는 특정 분야에서 전문적 지식, 기술, 경험을 보유하며 절대적, 상대적 경쟁우위에 존재해야 합니다. 그리고 고급 관리자는 창의와 근면을 근간으로 구성원과 더불어 회사를 쇄신시키고 성장시키는 데 기여할 수 있어야 합니다.

이러한 자격과 요건을 겸비한 전문 관리자 후보를 발굴한 후 양성하는 과정은 마치 군대에서 막 임관한 신임 장교를 훈련을 통해 전투와 전략에 탁월한 군인으로 거듭나게 하는 개념과 유사합니다.

사실 전문가와 관리자에 대한 자격 요건과 판단 기준은 수많은 경영서에 이미 언급되어 있습니다. 하지만 저는 여기에 회사가 전문 관리자에게 실질적으로 요구하는 가장 중요한 점을 강조하고 싶습니다. 이는 제가 해당 교육마다 공식화하여 반드시 언급하는 내용입니다. 바로 '결과 = 능력 × 실행'입니다.

이 공식은 실질적, 곧 정량적 상황뿐 아니라 개념적, 즉 정성적 경우에도 적용됩니다. 공식의 핵심은 다음과 같습니다. '능력과 관계없이 말만 하고 실행하지 않으면 결과는 무無이지만, 실행을 한다면 능력의 정도에 따라 어떻든 결과는 나타난다'입니다.

아무리 입으로 소리쳐도 실체적이고, 구체적인 행동이 따르지 않으면 결과는 자명합니다. 하지만 능력이 뛰어나고, 이를테면 지식과 기술, 문제해결력과 의사소통력, 생산성과 판단력 등의 수준이 뛰어나고, 목표 실행력과 업무 수행력이 탁월하다면 당연히 긍정적인 결과가 뒤따릅니다.

경영진이라면 '결과 = 능력 × 실행'이란 공식을 반드시 내재화해야 합니다. 하지만 이를 위배하면서도 버젓이 자리만 지키는 전문 관리자도 있습니다. 그들은 지위와 권한 등에 힘입어 자신의 입지를 유지할 수는 있지만, 전문 관리자로서 활동하는 동안은 조직과 구성원에 부정적 영향을 미칠 것이 분명합니다. 그들의 특징은 대체로 다음과 같습니다.

제대로 업무를 수행하지 않고 번지르르한 언변으로 자신의 성과와 결과를 포장합니다. 혹여 자신이 기여한 일이 있으면 부풀려 공유하고, 이행하지 않은 일에는 늘 타당한 이유가 뒤따릅니다. 공동 프로젝트가 실패라도 하면 책임 회피 및 전가를 통해 업무에서 뒤로 빠집니다. 거기다 구성원에게는 자기중심적, 권위적, 고압적, 일방적, 비판적, 기회주의적 태도로 다가가며, 권한 밖 업무조차 불필요하게 오만한 충고와 간섭을 일삼습니다.

보통 경영학자들은 이상적인 전문 관리자의 유형을 다각도로 제시합니다. 또한 경영서에서 제안하는 많은 전문 관리자 이론이나 모델들도 모두 대단한 듯합니다. 하지만 변화무쌍한 현장과 실무에 적용하기에는 무엇을 신택하여 어떻게 집중해야 하는지 혼란에 빠지는 경우가 많습니다. 그래서 현실적인 관점에서 '결과 = 능력 × 실행'의 공식은 전문 관리자에 명확하게 다가서는 효과적인 공식이라고 생각합니다.

앞서도 언급했지만, 이 공식의 핵심 키워드는 '실행'입니다. 설사 조금 느리더라도 묵묵히, 또 꾸준히 업무를 실행하는 거북이형 전문 관리자는 능력은 탁월해도 자만이나 게으름에 빠져 업무를 제대로 실행하지 않는 토끼형 전문 관리자보다 상대적으로 유능하며, 보다 나은 결과를 도출할 가능성

결과 = 능력 × 실행

이 높습니다.

실행을 올바르게 지속하기 위해서 저는 두 가지 문구를 마음에 새기고 교육 시에도 강조하고 있습니다. 다름 아닌 '고통을 즐겨라'와 '무소의 뿔처럼 혼자서 가라'입니다.

우선 '고통을 즐겨라'를 설명하는 대표적인 이미지는 '산고를 치르고 새 생명을 마주하는 산모의 기쁨', 또는 '여정을 마치고 결승선을 통과하는 마라토너의 환희'입니다. 외롭거나 힘겨워도, 열악한 환경에 놓이더라도 고통을 인내하는 수준을 넘어 이를 극복하는 과정까지 보람으로 즐길 수 있다면 무슨 일이든 자발적으로 실행할 수 있고, 어느 곳이든 기어이 도달할 수 있습니다.

다음으로 '무소의 뿔처럼 혼자서 가라'는 불경 《숫타니파타》에 등장하는 표현입니다. 여기서 무소는 코뿔소를 뜻하며, 진리를 추구하는 수행자를 상징합니다. 그리고 뿔은 심지를 굳건히 세우고 단호하게 전진하라는 의미를 담고 있습니다. 저 역시 사회생활 속에서 일어나는 생각과 감정에 대해 호불호, 옳고 그름의 내외적 영향에 흔들리지 않고, 주체적으로 꾸준히 앞으로 나아가고자 이 가르침을 마음에 새기고 있습니다. 우리는 인생을 살아가며 타인과 더불어 활동하기도 하지만, 홀로 판단하고 행동하는 경우가 훨씬 많습니다. 그런

> "
> '결과 = 능력 × 실행'이란 공식은
> 탁월한 전문 관리자로 거듭나기 위해
> 반드시 내재화해야 하는 공식입니다.
> 이 공식의 핵심 키워드는 바로 '실행'입니다.
> "

면에서 위험과 고난에 주저앉지 않고 한결같이 묵묵히 걸어가는 코뿔소는 시사하는 바가 상당합니다.

최상의 능력이 전문 관리자의 자격을 부여하지는 않습니다. 전문 관리자의 진가는 생각과 말이 아닌 실행을 통한 결과가 도출될 때 나타납니다. 따라서 '결과 = 능력 × 실행'이 실질적인 성과지표KPI: Key Performance Indicator로 자리하려면 실행을 위한 마음의 텃밭을 오롯이 가꿔야 합니다. 그러려면 마음의 텃밭에 자라나는 부정적, 소모적, 감정적 잡초부터 제거하고, 순수한 목적과 겸손한 목표의 씨앗을 뿌리고 가꿔야 합니다.

전문 관리자를 꿈꾼다면, 아니 인생의 승리자를 꿈꾼나면 이제 실행력을 더욱 증진해 나가야 합니다. 따라서 실행력을 제고하는 차원에서 제가 전문 관리자 교육 시 자주 언급하는, 그리고 인생의 모토motto로도 활용할 수 있는 응원의 슬로건을 공유하고자 합니다.

"'빨리'도 좋고good, '멀리'는 더 좋지만better, '끝까지'가 최고다best".

비업무적 소통과 관계의 필요성

건깅한 육체에 건전한 징신

저는 40여 년의 직장생활 가운데 회사의 업무와 구성원이 관련된 이야기는 가급적 가족과 공유하지 않는 원칙을 고수했습니다. 왜냐하면 업무와 구성원에 대한 주관적인 제 분석, 판단, 경험 아래 내린 결론을 가족에게 언급한다면 가족은 전적으로 제 견해에 동의할 가능성이 높기 때문입니다. 일에 대한 제 생각은 사실과 다르게 왜곡될 수 있고, 특정 구성원에 대한 제 얘기로 당사자는 불공평하게 오해받을 수도 있습니다. 그래서 업무와 구성원이 관련된 이야기, 특히 부정적인 일의 경우 결코 집에 가져가지 않았고, 제가 우려하는 상황은 발생하지 않았습니다.

그런데 업무와 구성원들에 대한 제 관심도와 관여도는 매우 높은 편입니다. 주위에선 오히려 과하다고 생각할 수도 있습니다. 실제로 저는 상황에 따라 구성원의 비업무적 사안까지 정성을 들이는 편입니다. 이는 궁극적으로 구성원의 업무력에도 영향을 미친다는 사실을 경험하였습니다. 그 관점에서 비업무적 소통과 관계의 필요성을 짚어볼 수 있는 세 가지 이야기를 풀어보려 합니다.

선물과 손편지

새해가 시작되면 저는 그해의 주요 사안을 컴퓨터와 스마트폰 메모장에 정리합니다. 그중에는 사내 구성원의 생일, 입사일, 경조사는 물론 발렌타인데이나 할로윈데이 등의 사회적 기념일도 있습니다. 그 후 월초마다 저는 컴퓨터와 스마트폰 메모장을 살펴보며 구성원 관련 특별한 날을 확인합니다. 그리고 그날에 맞춰 미리 시간을 확보해 의미와 성의가 깃든 선물을 준비하고, 그 구성원을 생각하며 손편지를 씁니다. 분주한 일정 속에서도 구성원들을 위해 자발적으로 정성을 기울이는 긍정적인 수고에 저는 기쁘고 보람찼습니다.

이 과정에서 저는 구성원들과 인간적으로 소통하며 친근한 관계를 정립할 수 있었습니다. 나아가 구성원들을 생각하는 마음을 통해 제2의 가족으로서 공감대를 마련할 수 있었고, 업무적으로 시너지도 발현할 수 있었습니다.

건강한 육체에 건전한 정신

평소 제가 관심 갖고 지켜보던 사내 구성원이 있었습니다. 역량과 태도가 무난하고, 가치관과 성격도 좋았습니다. 업무적인 잠재력도 충분해 그의 성장을 도와주고 싶었습니다. 일단 그는 편안한 생활에 익숙했었던 만큼 상대적으로 승부 근성은 약한 듯했습니다. 그래서 그가 목표를 세우고 절실한 동기를 발견할 수 있도록 지원하고자 했습니다.

사실 그는 맛나고 기름진 음식과 간식을 무척 좋아했습니다. 삶의 이유가 '맛있는 식사'일 정도였습니다. 그러나 그는 운동을 비롯한 신체가 힘든 활동은 어떻게든 피하려 들었습니다. 그래서 저는 승부 근성은 자신과의 싸움을 통해 자라나며, 자신을 존중할 때 인내와 끈기가 우러난다고 강조했습니다. 동시에 '건강한 육체에 건전한 정신Mens sana in corpore sano'이라는 라틴어 속담도 인용한 끝에 그가 3개월간의 체중 감량 프로젝트에 돌입할 수 있도록 설득할 수 있었습니다. 저는 응원하는 마음으로 프로젝트 성공 시 반대급부의 선물도 하겠다고 약속했습니다.

그로부터 3개월이 흘렀습니다. 그는 목표했던 체중 이상을 감

건강한 육체에 건전한 정신

량하며 자신과의 싸움에서 승리할 수 있었고, 직장동료들의 축하 속에 선물을 받았습니다. 아울러 이 프로젝트를 성공하며 그는 게으름을 탈피하는 계기를 마련했으며, 자신감과 성취감이 고취됐고, 승부 근성 역시 배양할 수 있었습니다.

체중계와 충고

샤워할 때 자신의 배꼽을 확인하지 못하는 사내 구성원이 있었습니다. 그는 자신의 모습을 부끄러워했고, 저의 지지 속에 체중 감량 프로젝트를 시작하게 되었습니다. 하지만 그는 계획했던 일을 추상적으로 추진하는 이른바 '막연형 목표 추구자'로 체중 감량 프로젝트의 성공을 장담하기가 어려웠습니다.

막연형 목표 추구자는 보통 '추상형 형용사/부사 + 미래형 동사'로 결심과 생각을 표현합니다. 이를테면 '이번에는', '확실히', '언젠가는' 등의 부사와 '할 예정입니다', '하고 싶습니다', '하려고 합니다' 등의 미래형 동사를 사용합니다. 그들은 육하원칙에 따른 현재형 문장으로 목표와 계획을 선언하는 데는 난색을 표하곤 하는데, 이는 간절함과 절박함이 모자라고 실패 시 변명과 핑계의 여지를 남겨 두려는 심리에 기인합니다.

그래서 저는 그에게 긍정적 모멸감을 통해 동기를 부여하기로 결정하였습니다. 사실 긍정적 모멸감을 통한 동기의 부여는 자극적이라 상대에게 불쾌하게 다가갈 수 있으므로 수위 조절에 신중을 기해야 합니다.

제가 선택한 긍정적 모멸감을 위한 수단은 바로 체중계였습니다. 저는 그가 체중 감량 프로젝트를 시작할 때 체중은 물론, 체지방, 내장지방, 근육량 등의 신체지수를 측정할 수 있는 체중계를 선물하였습니다. 그 후 그는 체중 감량 프로젝트를 성공하기 위해 계획을 수립하고, 지속적으로 이행하였습니다.

결과적으로 계획했던 기간 내에 목표를 달성하진 못했지만, 그 과정에서 그의 변화는 두드러졌습니다. 무엇보다 목표에 대한 그의 표현법은 현재를 기준으로 시간화, 수치화, 계량화되었고, 실행력 또한 높아졌습니다. 그리고 그는 업무적으로도 지속적인 성과를 도출하기에 이르렀습니다.

격식을 걷어낸 체중계 선물과 저의 직설적 충고 속에 그는 계획과 실행의 선순환을 습관화할 수 있었고, 이내 막연형 목표 추구자에서 행동형 목표 추구자로 변모하게 되었습니다.

사례에서 확인되었듯이 이상의 개별 프로젝트 이후 저와 구성원들은 여타 업무도 더욱 성과적으로 수행할 수 있었습니다. 실상 심신의 에너지가 소모되고 참견과 간섭으로 오해받을 수 있는데도 구성원들에게 비업무적인 측면을 지원하고 관여하는 이유는 관리자와 구성원은 소통과 관계를 유지하는 가운데 그 업무력이 상승하기 때문입니다. 그 관점에서 비업무적인 소통과 관계의 필요성을 다음과 같이 구체적으로 짚어보고자 합니다.

우선, 비업무적인 소통과 관계의 과정에서 상호 개인적 측면은 물론 업무적 측면의 가치관, 눈높이, 기대치 등을 폭넓

> 관리자가 구성원에게 비업무적인 측면을
> 지원하고 관여하는 이유는
> 그러한 소통과 관계를 유지하는 가운데
> 구성원의 업무력이 상승하기 때문입니다.

게 파악할 수 있습니다. 그렇게 서로를 알아가며 선입견, 불만, 오해 등이 자연스럽게 사라지고, 특별히 얘기하지 않아도 긍정적으로 의견을 조율하고 관계를 구축하기 위해 노력하게 됩니다.

다음으로 서로에게 연대감과 소속감을 일으킵니다. 직장 동료는 하루 중 상당한 시간을 함께하며 더불어 조직의 목표를 추구하고, 문화를 실현하는 제2의 가족입니다. 따라서 비업무적인 소통과 관계를 위한 노력은 협업에도 영향을 미쳐 서로를 지지하고 지원하는 환경을 조성합니다.

또한, 구성원 간 다양한 지식과 정보 등 긍정적인 경험을 공유하는 상호 교육의 장을 마련할 수 있습니다. 이러한 교육의 장 속에서 선물이나 편지 등을 주고받으며, 정성, 배려, 공감, 나눔, 감사 등의 인격적 가치 역시 교감할 수 있습니다.

마지막으로 자신의 모습을 점검할 수 있는 거울의 역할도 합니다. 기본적으로 지속적 소통과 관계의 정립은 신뢰와 존중이 바탕이 되어야 합니다. 그러려면 자신의 생각과 행동이 상대에게 긍정적으로 인식돼야 합니다. 직장동료는 항상 서로를 지켜보고 있습니다. 따라서 부단한 자기관리를 통해 언행일치의 우수한 리더로 자리매김해야 그나마 구성원에게 설득력 있는 조언을 전할 수 있습니다. 그런 만큼 비업무적인 소통과 관계를 유지하는 과정은 저마다의 언행 적정성을 가늠하는 '바로미터'이기도 합니다.

지난 40여 년의 직장생활 동안 기념일을 포함해 발렌타인데이, 추수감사절, 크리스마스 등은 물론 그때그때 상황에 따라 직장동료에게 전달했던 선물과 손편지들이 주마등처럼 스쳐갈 때가 있습니다. 그 소통과 관계 속에서 저 역시 수많은 선물과 카드를 받았습니다. 거기에 담겨 있는 마음이 참 소중하다는 생각에 저는 요즘 간직하고 있는 카드를 틈틈이 디지털 스캐닝한 후 정리하는 중입니다.

이처럼 비업무적 소통과 관계를 위한 나눔에는 사람과 일을 향한 정성과 철학이 깃들어 있습니다. 그리고 이런 나눔들은 자신의 모습이 투영된 인생이자 역사라는 사실을 깊이 깨닫습니다.

미국 비즈니스
멜팅 팟Melting pot과 샐러드 볼Salad bowl

개인주의와 집단주의의 공존

바나나와 양파

문화적 측면에서 동서양을 비교할 때 자주 거론되는 비유가 있습니다. '서양인은 바나나 같고, 동양인은 양파 같다'는 표현입니다. 다시 말해, 서양인은 바나나처럼 껍질을 벗기면 바로 속을 파악할 수 있으나, 동양인은 양파처럼 껍질을 벗겨도, 벗겨도 똑같은 모양이 나타나서 속을 파악하기 어렵다는 의미입니다.

비슷한 맥락에서 앞서 '의사소통과 경청' 편에 언급했듯이 서양은 'low context culture', 곧 직설적 표현의 문화이고, 동양은 'high context culture', 곧 은유적 표현의 문화라고 얘기할 수 있습니다. 여기서 문맥, 맥락 등을 지칭하는 'context'는 의역한다면 문장, 분위기, 상황, 표정 등의 뜻을 포함합니다.

미국인의 경우 의사소통 시 대화 속 표현 그 자체를 통해 자신의 뜻을 분명히 전달하고자 합니다. 그들은 어린 시절부터 자신의 생각을 명확하게 전달하는 환경에서 자라왔습니다. 그래서 지식의 정도나 직업의 종류에 상관 없이 대부분 표현을 잘하며, 대중 앞에서도 크게 긴장하지 않습니다. 또한 미국인은 대화 속 내용을 표현 그대로 해석해 받아들이며, 그 부분에 대한 자신의 의사를 분명히 밝히는 편입니다. 그래서 때로는 한국인의 시각에 무례하거나 이기적으로 비치기도 합니다.

반면, 한국인은 의사소통 시 직설적인 전달보다는 은유적인 표현을 곧잘 활용합니다. 간접적으로 돌려서 얘기하기도 하며, 표정이나 행동으로 자신의 생각을 표현하기도 합니다. 그리고 상대가 알아서 이해해 주기를 기대하곤 합니다. 그래서 이때 말하는 사람은 충분히 자신의 뜻을 전달했다고 믿지만, 듣는 사람은 달리 해석해 받아들이는 경우도 종종 발생합니다.

한국인과 미국인 사이에 생기는 오해나 갈등의 상당 부분은 고유한 역사 속 문화에서 파생된 상이한 가치관, 관습, 예의 등으로 야기되는 경우가 많습니다. 동양인과 서양인, 곧 한국인과 미국인 간 긍정적 관계를 정립하고, 다국적 조직을 원활하게 운영하려면 오해와 갈등을 빚을 소지가 있는 일부 사고방식에 대한 숙지가 필요합니다. 그 관점에서 다음의 내용을 짚어보고자 합니다.

한국의 집단적 사고방식은 위엄과 존경을 바탕으로 타인의 체면을 중시합니다. 원만한 인간관계를 유지하기 위해 조화를 추구하고, 상대방과 분쟁을 일으키지 않기 위한 의견의 일치에 상당한 공을 들입니다. 그런가 하면, 미국의 개인적 사고방식은 개개인을 사회의 기본 단위로 간주합니다. 각자의 독창성과 자주성에 주요 가치를 부여하며, 상호 경쟁이 동기부여 요인으로 작용합니다. 이를 통해 한국인은 관계와 과정 지향적이지만 미국인은 행동과 결과 지향적action-oriented, bottom line이라는 사실을 확인할 수 있습니다.

아울러 한국인은 자신의 성과를 스스로 알리고 자랑하기보다는 상대방이 알아주고 인정해 주기를 바라는 경향이 있습

바나나 양파

니다. 하지만 미국인은 자신을 홍보하고 영업하는self-promotion 활동에 매우 적극적이며 당연하다고 생각합니다. 한국인의 시각에는 아주 사소한 성과와 기여라 하더라도 미국인은 자신의 성과나 기여에 대해 공공연하게 피력합니다. 그리고 이에 상응하는 유형, 또는 무형의 보상이나 대가도 즉각적으로 이뤄집니다. 긍정적 성과와 기여라면 적절한 보상이 따르겠지만 부정적 성과와 기여라면 그 즉시 주의나 경고, 나아가 해고도 가능합니다.

물론 부작용도 있습니다. 정서적으로 미국 사회는 자존감과 성취감을 얻는 대신 고립되거나 외로운 상황에 처하기도 하며, 한국 사회는 소속감과 안정감을 얻는 대신 불필요하고 비생산적인 일에 시간과 노력을 들여야 합니다.

미국인은 타인의 체면을 많이 생각하지 않고, 눈치도 크게 살피지 않습니다. 타인의 생각이 어떠한가how보다는 일이나 행동의 정당성what에 초점을 맞춥니다. 따라서 자신의 의견을 분명히 제시하고, 반대 견해라 하더라도 이성적인 논쟁을 통해 해결하고자 합니다. 그리고 결정된 사항은 승복하고 뒤에서 불평하지 않는 편입니다.

미국의 고등학교에는 'debating club'이 있습니다. 어린 시절부터 자신의 의사를 분명히 설득력 있게 표현하고, 이성적 사고를 심어주기 위해 토론, 논의, 논쟁의 장을 펼치는 과외 활동입니다. 여기선 자신의 생각과 감정을 솔직하게 표현하는 데 의미를 두고 있습니다. 어중간한 표현에는 가치를 부여하지 않습니다. 이에 대해 한국인은 상대를 존중하지 않는 듯한 태도에 무례하고 냉정하다고 부정적으로 받아들일 수 있습니다. 하지만 대립을 피하기 위한 애매모호, 또는 무반응의 응대에 대해 미국인은 소신 부족이나 능력 결여라고 생각합니다.

그리고 미국인은 타인에게 피해를 주지 않는다면 선택, 결정, 행동은 개인의 자유라는 생각이 투철합니다. 이러한 개인의 자유를 침해당하면 직접적으로 불쾌감을 표시하기도 합니다. 시간 외 근무 역시 자의나 요청에 의한 개인의 권리, 또는 선택 사항으로 간주합니다. 그리고 자신의 권리, 또는 선택에 대한 손실과 방해가 발생하면 고소는 당연한 수순입니다.

그런가 하면, 미국 사회는 인간은 모두 평등하다는 법규 아래 나이, 성별, 인종, 직위 등에 상관없이 대등한 인간관계를 유지하고, 균등한 기회를 보장하고 있습니다. 그러나 한국 사회는 직업, 직위, 나이, 재력에 따른 계급적 인식이 스며 있고, 이는 개인의 일과 삶에 지대한 영향을 미치고 있

> "
> 서양은 'low context culture',
> 곧 직설적 표현의 문화이고,
> 동양은 'high context culture',
> 곧 은유적 표현의 문화입니다.
> "

습니다.

미국의 개인주의는 '나'가 중심이고, 한국의 집단주의는 '우리'가 중심입니다. 그래서 미국인은 정보의 공유에 민감하며, 업무 시에도 필수 관계자 외에는 그 내용을 알리지도, 알려고 하지도 않습니다. 만일 정보의 공유가 필요하다면 반드시 정보의 소유자에게 허락을 구해야 하며, 타인의 신상에 대한 부분은 더욱 조심스럽게 다뤄야 합니다. 최근에는 한국도 타인의 신상을 공유하지 않는 편이지만, 집단주의에 익숙한 만큼 사담이나 뒷담화에서 공공연히 유관 정보가 유출되곤 합니다. 이는 미국 조직에서 각별히 유의해야 하는 부분입니다.

이처럼 한국과 미국의 문화는 차이점이 많습니다. 그래서 동서양의 문화가 공존하는 미국 내 한국계 회사에서는 표면적인 언어나 예절 등은 물론 그 이면의 사고방식과 가치관 등도 파악해야 합니다. 서로의 문화적 배경을 이해하고, 상대를 헤아리기 위한 시간과 노력을 축적한 후 공평한 잣대 속에 조직과 직장동료에 대한 판단과 결정이 이뤄져야 합니다.

문화의 일반화 경계

영어 실력이 서툴면 다른 능력도 부족하다?

문화란 일정한 목적, 또는 생활의 이상을 실현하기 위해 구성원에 의해 습득, 공유, 전달되는 행동 양식 및 생활 양식 과정에서 이룩한 물질적, 정신적 소득이라고 요약할 수 있습니다. 그러나 제 주관적인 해석에 따르면 문화는 '어떤 시대에, 어떤 지역에서, 어떤 집단들과 원만하게 어울리며 가장 편안하고 편리하게 살아가기 위해 요구되는 모든 가치와 방법'인 것 같습니다.

문화는 개인의 성향 및 가치관의 동심원이 가정, 지역, 국가 등으로 확장되면서 그 특유의 내용이 확립됩니다. 그렇게 확립된 문화 속에는 세대별, 시대별 다양한 소문화가 공존합니다. 이를테면 MZ세대와 베이비부머 세대는 함께 살아가지만, 공감하는 문화의 교집합은 작을 수 있습니다.

인종을 막론하고 인간의 본성과 본능은 대부분 유사합니

다. 하지만 국가별, 시대별 문화의 기조와 내용은 역사적, 종교적, 사회적 특성과 차이점이 반영된 특정한 삶의 양식으로 집단마다 자리 잡으며 후대로 이어집니다.

그 가운데 음식, 언어, 외모, 의복, 예술 등의 유형적인 문화는 차이점을 파악하기가 용이한 편입니다. 하지만 전통, 규범, 가치관, 사고방식, 윤리 등의 무형적인 문화는 오랫동안 경험하지 않으면 파악하기가 쉽지 않습니다. 무형적인 문화는 생각, 믿음, 정서의 모습으로 나타나기 때문입니다. 더구나 그 배경에는 역사적, 종교적, 지리적 요소가 영향을 미치고 있어 충분히 관찰하고, 소통하고, 체험하지 않으면 이해하기 어렵습니다. 그래서 인종 간, 국가 간 갈등의 원인은

영어 실력이 서툴면 다른 능력도 부족하다?

상당수 무형적인 문화에서 비롯됩니다.

이처럼 문화의 이면에는 복잡하고 미묘하고 주관적인 속성이 중심을 이루고 있어 타 문화에 대한 속단은 경솔한 자세입니다.

미국 내 한국계 회사에는 한국과 미국의 문화, 한국인과 미국인이 공존하며 회사의 공동 목표를 위해 노력합니다. 회사의 규정과 체계 속에 구성원 간 원만한 소통과 협업으로 최상의 상품과 서비스를 고객에게 제공하고 최고의 성과를 도출하고자 매진합니다. 이는 여느 회사에서 발견할 수 있는 모습입니다.

하지만 타 문화권 구성원 사이에는 명확하게 지적하기 어려운 과제들이 산적해 있습니다. 예를 들면, 미국인들은 한국인의 영어 실력이 서툴면 타 능력의 결핍으로 확대 해석을 합니다. 또한 한국인이 에티켓을 모르면 예의가 없는 국가의 사람으로 일반화를 합니다. 그러나 이 정도는 유형적인 문화이기 때문에 상대적으로 쉽게 해결할 수 있는 과제입니다. 영어 실력을 키우고, 미국식 예절을 배우는 학습을 통해 극복할 수 있습니다.

하지만 무형적인 문화의 차이는 각별히 유의해야 합니다. 타 문화의 전통, 규범, 가치관의 경우 언어적으로 이해하기 어렵습니다. 전통, 규범, 가치관의 이면에 자리하는 다양한 배경을 인정하고 존중해야 합니다. 실제로 자문화는 긍정적이고 그 외 문화는 수용하기 어려워 주관적으로 비판하고 경계하며 평가하는 경우가 많습니다. 이 현상을 '문화의 일반화 cultural generalizations'라고 부릅니다.

만약 다양한 인종이 더불어 일하는 조직에 문화의 일반화가 팽배해 있으면 인종 간 오해, 비난, 갈등 등이 유발되고, 급기야 구성원 간 문화의 양극화 polarization로 치달아 업무의 수행이 어려울 수 있습니다.

이와 같은 상황은 미국 내 한국계 회사에서 발생하기도 합니다. 실제로 문화의 일반화로 구성원 간 존중과 신뢰가 결여되면 긍정적인 소통과 협업이 어렵고, 조직 내 업무와 과제가 일관되게 운영되지 못해 부정적인 분위기를 형성하며 생산성을 저하시킵니다. 그러면 경영진은 인사 관련 부서와 함께 다양한 문화를 한꺼번에 만족시키고자 소모적이고 낭비적인 규정과 체계를 수립하고 관리해야 합니다.

이러한 현상은 눈에 드러나지 않는 편이기 때문에 조직문화에 대한 교육, 소통, 홍보에 각별히 신경을 써야 합니다. 이때 개인의 주관적 판단과 결정으로 타 문화를 비판하거나 비난하지 못하도록 유도하고 서로 존중하는 마음으로 상대의

> 타 문화의 전통, 규범, 가치관은
> 언어적으로 이해하기 어려운 만큼
> 전통, 규범, 가치관의 이면에 자리하는
> 다양한 배경을 인정하고 존중해야 합니다.

입장을 이해하는 분위기를 조성해야 합니다. 무엇보다 사내에 공존하는 다양한 문화를 아우른 다음 구성원들과 함께 그 조직 특유의 공유 문화를 새롭게 구축하는 과정이 필요합니다.

형식 논리와 실용 논리 사이

체면과 'Saving Face'

한국에는 '냉수 마시고 이 쑤신다'는 속담이 있습니다. 여기서 한국인의 체면 중시 사상을 엿볼 수 있습니다. 체면은 한국인에게 자존심이고, 예의이기도 하며, 사회생활 속에 나타나기도 합니다.

제 지식과 경험으로 정의한 체면은 '인간관계와 사회생활 중 자신의 입장, 지위, 재력 등의 조건과 환경이 상대적으로 부끄럽지 않고 당당한 수준으로 자리하고 싶은 심리'입니다. 그 관점에서 체면의 속성은 나보다 타인 중심입니다. '나는 누구인가?'보다는 '내가 타인에게 비치는 모습은 어떠한가?'에 초점이 맞춰져 있습니다. 그래서 사회생활에서 자신의 외모, 지위, 재력, 지식, 행복도 등에 대한 상대적인 자기 분석 및 평가 후 자신감에 투영하며, 이를 고수하거나 향상하고자 노력하곤 합니다.

이 점은 유교적 사고를 지녔거나 사회적으로 상류층에 속한다고 자평하는 그룹일수록 강하고 민감한 편입니다. 그들은 법적, 윤리적, 도덕적 잘못이 없더라도 자신의 주관적, 정서적 기준에서 체면이 깎였다고 판단되면 모욕감과 창피함을 느끼곤 합니다.

체면은 각자의 입장과 상황에 따라 허세, 객기, 인내, 침묵, 동조, 거짓말 등 다양한 형태로 표출됩니다. 이를테면 넉넉하지 않은 형편에도 자녀의 결혼식을 성대히 치르거나 경조사에 고액의 부조금을 더하는 것은 자녀를 축하하고, 상대를 격려하는 마음이 우선이겠지만, 자신과 집안의 체면이 상당한 비중을 차지하기도 합니다.

자신의 물질적, 지식적 능력이 현실과 괴리가 있는데도 불구하고 자신의 기대와 목표에 억지로 맞추려는 노력은 체면의 부정적인 속성입니다. 이는 현실과 이상의 격차를 잠시나마 줄이기 위한 정신적 위안의 포장이기도 합니다.

저는 한국에 방문할 때면 특이하게 생각하는 부분이 있습니다. 바로 도심에서 스쳐 지나는 사람들, 특히 여성들의 옷차림, 헤어스타일, 생김새 등이 하나같이 비슷하다는 점입니다. 유행이라는 이름 속에 유명 브랜드의 옷, 가방, 구두 등은 물론 콧날, 눈매, 입술 등의 모습도 흡사해 마치 바비 인

체면과 'Saving Face'

형Barbie doll 같다는 생각도 듭니다. 그런가 하면 나이와 달리 어색한 젊은 얼굴에 고개를 갸우뚱한 적도 있습니다. 이러한 외형적 치장과 변화의 시작은 특정 여성층이었지만 지금은 남녀노소 불문하고 점점 확대되는 것 같습니다.

예전에 한국에서 지인들과 등산할 기회가 있었습니다. 그다지 높은 산도, 험한 산도 아니었습니다. 제 판단으로 두세 시간 정도가 소요될 만한 코스였습니다. 그래서 트레킹 신발에 가벼운 러닝 재킷과 바지를 입고 약속 장소로 나섰습니다. 그런데 그곳에 도착하자마자 눈에 들어온 지인들의 옷차림은 한결같았습니다. 인원은 10여 명이었지만 등산복, 등산화, 모자, 심지어 선글라스까지 색상만 다를 뿐 획일적인 패션이었습니다. 그중에 한 지인이 묘한 눈초리로 제게 "그렇게 입고 산에 가시려고요?"라고 물었습니다. 당황스러웠지만 그 질문의 의도는 산을 오르며 파악할 수 있었습니다. 그 산에는 남녀노소 상관없이 수많은 등산객이 유사한 복장으로 산행 중이었습니다. 한국은 입소문을 타면 전국적으로 유행한다는 지인의 말을 실감할 수 있었습니다.

이상의 현상에서 저는 체면이란 단어가 떠오릅니다. 내면보다는 외형적, 가시적, 형식적 부분에 신경 쓰는 체면 중심 문화는 자신이 추구하는 그룹에 소속되고 싶은 심리와 이를 위해 경쟁을 마다하지 않는 심리도 포함되어 있다고 생각합니다.

이는 또 다른 측면에서도 확인할 수 있습니다. 한국의 각종 청문회가 대표적이지만, 한국은 사회적으로도 자신에게 불리한 논쟁이 벌어지면 논리적, 객관적 접근보다는 감정적으로 받아들이며 흥분하는 경우가 자주 발생합니다. 이 또한 체면에서 파생된 현상입니다. 감정적으로 호통치고 역설하면 상대는 서로의 체면을 고려한 나머지 마땅히 피력해야 하는 의견과 의사를 표현하지 않습니다. 그래서 상황이 불리하면 습관적으로 감정적인 대응을 일삼는 악순환이 발생하게 됩니다.

따라서 체면은 예절, 존중, 이해와 같은 긍정적 결과도 있는 반면, 불합리, 부조리, 비생산 같은 부정적 결과를 낳는 양면성을 갖고 있습니다.

미국인에게 체면은 중요하게 고려되는 가치관이 아닙니다. 그 관점에서 'Saving Face'라는 표현을 살펴볼 수 있습니다. 이는 얼굴을 비롯한 겉면과 표면을 살린다는 의미이며, 보통 부정적으로 활용됩니다.

미국인은 자기중심적이고 실용주의적이기 때문에 여름이라도 자기가 추우면 두터운 외투를 입고, 겨울이라도 자기가 더우면 민소매 옷을 입습니다. 결코 타인의 시선을 의식하지 않습니다.

미국인의 이러한 언행은 유교적 시각에서 부적절하게 비추어질 수 있습니다. 하지만 미국인은 자신의 생각과 감정에 대한 솔직한 표현이 체면보다 훨씬 중요하다고 생각합니다. 미국인은 실용 논리가 중심이다 보니 한국인의 형식 논리를 잘 이해하지 못합니다. 미국인에게 체면치레는 가식이며 왜곡입니다. 겉과 속이 다르면 거짓이라 단정하기도 합니다.

이와 같은 측면은 조직생활에도 나타납니다. 가령, 회의 시에는 '어떻게' 논의하느냐보다는 '무엇을' 논의하느냐가 더욱 중요합니다. 그리고 그 과정에서 자신의 의사를 분명히

> "
> 미국인은 개인주의적이고 실용주의적이기 때문에
> 여름이라도 추우면 두터운 외투를 입고,
> 겨울이라도 더우면 민소매 옷을 입습니다.
> 결코 타인의 시선을 의식하지 않습니다.
> "

표현하고, 감정을 그대로 표출합니다. 이때 상대의 시선을 걱정하기보다는 자신의 신념과 주관에 초점을 맞춥니다. 그래서 자신의 판단이 옳다고 생각하면 강력하게 자신의 주장을 피력합니다. 설사 얼굴이 붉어질 정도로 논쟁하더라도 최종 결정된 사안에 대해서는 승복하며 뒷담화를 하지 않습니다. 일에서 발생한 과제와 문제는 일에서 해결하고 매듭짓는 성향이기 때문에 일로 연관된 사람 간 감정의 골이 생기는 경우는 흔치 않습니다.

그리고 체면을 얘기할 때 그림자처럼 따라다니는 단어가 있습니다. 바로 눈치입니다. 눈치 역시 자신이 아닌 타인이 중심입니다. 눈치가 지나치면 방어적, 왜곡, 편법, 거짓, 비윤리적 상황이 벌어지기도 합니다.

그렇다고 눈치가 매번 부정적으로만 표현되지는 않습니

다. 보통 한국인은 자신에게 직간접적으로 영향을 미치는 주위의 사람, 집단, 환경을 오감으로 관찰한 후 신속한 판단으로 대처하곤 합니다. 이처럼 눈치는 레이더망과 같아 상대의 생각과 감정을 비롯해 주변의 분위기를 파악할 수 있고, 이를 통해 적절한 대응도 할 수 있습니다.

물론 미국인은 직설적이고 사실적인 성향이다 보니 한국인의 체면, 그리고 눈치를 이해하기가 쉽지는 않습니다. 실제로 미국 내 한국계 회사에서는 한국과 미국의 문화가 부딪치는 경우가 심심치 않게 발생합니다. 한국의 예의, 중용, 체면, 눈치 등의 감성적 접근과 미국의 사실과 정보에 입각한 이성적 접근 사이에서 생겨나는 오해는 개인의 갈등을 넘어 상대의 문화에 대한 비하를 불러오기도 합니다.

그래서 미국 내 한국계 회사에서는 서로의 문화에 대한 깊은 이해가 필요합니다. 객관적인 관찰과 분석 없이 타 문화의 지엽적인 사례를 부정적으로 일반화시키는 모습은 매우 위험합니다. 타 문화를 포함해 국가 간, 인종 간 오해를 최소화하려면 본질적으로 상대에 대한 존중과 인내가 필요합니다. 거기에 인간적 배려와 솔직한 언행이 중요하며, 지속적인 문화 소개와 교육도 요구됩니다.

한국적인 정서의 공유

죄의식guilt보다 창피shame, 그리고 정情

과거에 저는 교육 컨설팅 회사를 운영하며 미국인과 그 가족을 대상으로 다문화multicultural 교육과 함께 유관 주제에 대한 워크숍을 많이 진행하였습니다. 이때 한국의 문화, 역사, 가치관은 물론 한국적 비즈니스 개념과 정서를 주로 다루었고, 사업과 조직 운영 시 한국 관련 문화적 접근 방법에 대한 전략 수립에도 중점을 두었습니다.

당시 미국인에게 전달하기 어려웠던 한국 단어와 정서가 있었습니다. 바로 체면과 눈치, 창피와 정情이 대표적인 사례입니다. 앞서 체면과 눈치에 대해 언급하였기에 이번에는 창피와 정을 중심으로 미국인에게 그 의미를 전달하는 방법을 풀어 가고자 합니다.

미국의 문화 전문가들은 서양의 실용주의와 동양의 형식주의를 설명할 때 자주 사용하는 용어가 있습니다. 죄의식guilt

과 창피shame가 그것입니다. 개개인의 가치관과 특성에 따라 차이는 있겠지만, 일반적으로 서양은 창피보다 죄의식을 우선시하며 중요하게 생각하는 반면, 동양은 죄의식보다 창피에 대해 심각하게 고려하는 성향이 있다고 합니다.

죄의식은 '자신이 저지른 죄과나 잘못을 스스로 깨닫고 인정할 때 느끼는 괴롭고 불편한 기분'으로 정의할 수 있습니다. 다시 말해 법, 규정, 사회규범 등을 인지하고 있지만, 그것에 상반되는 부적절한 언행을 했을 때 느끼는 심리적 작용입니다. 보통 법, 규정, 사회규범 등을 위반하면 그에 상응

죄의식guilt보다 창피shame, 그리고 정체

하는 징역, 벌금, 비난 등으로 그 책임을 묻습니다. 그 후 죄의식은 어느 정도 사라지곤 합니다. 이는 '나는 죗값을 치렀다!'라는 표현에서도 확인할 수 있습니다.

죄의식의 기준은 대부분 법, 규정, 사회규범 등과 같은 유형적, 계량적 항목입니다. 그래서 실용주의 중심의 미국에서는 법, 규정, 사회규범 등을 준수한다면 그 외의 생각, 발언, 행위 등은 간섭받지 말고 존중해야 한다는 사고방식을 갖고 있습니다.

그런가 하면, 창피는 '자신의 책무나 도리가 있는데도 불구하고 실행과 관여를 못했을 때 느끼는 양심과 체면이 손상되는 기분'으로 정의할 수 있습니다. 이는 형식주의 성향의 한국인에게 곧잘 적용할 수 있습니다.

대체로 한국인은 집단주의 특성상 집단이 요구하는 목적, 규율, 가치관 등을 따르며 구성원과 조화를 이루고 소속감과 동질감을 확보합니다. 하지만 불참, 침묵, 회피 등을 통해 공동의 활동에 함께하지 못하는 경우 상당한 부담을 가집니다. 물론 법적인 잘못이나 피해가 없는 경우가 대부분이기 때문에 죄의식을 느끼진 않습니다. 다만, 옳고 그름이 아닌 도리와 책임의 회피 차원에서 스스로 당혹스럽고 부끄러운 감정, 즉 창피를 느낍니다.

다음으로 정情에 대해 들여다보고자 합니다. 저는 한국인과 미국인을 구분하는 특별한 감정이 정情이라고 생각합니다.

국어사전에 정情은 '특정한 대상에게 느끼어 일어나는 생각과 마음'으로 정의되어 있습니다. 그리고 한자로는 '마음 심心'에 '푸를 청靑'이란 글자가 더해졌으니 '푸르도록 깨끗한 마음'이라 이해할 수 있고, 영어로는 'love & hate' 정도로 나타나고 있습니다. 그밖에 정情에서 비롯된 표현도 많습니다. '정겹다', '정답다', '미운 정', '고운 정', '정 떨어진다' 등은 한국인의 삶 깊숙이 활용되고 있습니다. 또한, 정情 하면 한국인은 따뜻함, 포근함, 희로애락, 가족, 인연, 고향 등을 연상하며, 좋은 의미로 받아들입니다.

그러나 이처럼 친숙한 단어지만 '정情이란 무엇인가?'에 대해 물어보면 설명하기가 쉽지는 않습니다. 정情은 논리적, 분석적, 합리적 시각으로는 해석하기 어렵습니다. 그래서 미국인을 포함한 외국인에게 설명하기는 더욱 어렵습니다. 정情은 미워하면서도 사랑하고, 사랑하니까 헤어지는 이율배반적인 측면도 있습니다. 정情을 통해 이해할 수 없는 언행도 헤아릴 수 있으며, 침묵 속에서도 교감할 수 있고, 공감대를 형성할 수도 있습니다. 이는 한국의 영화나 드라마뿐만 아니

> "
> 각 문화는 그 내용, 방식, 배경 등이 모두 다르기 때문에
> 옳고 그름이나 좋고 나쁨으로 규정할 수 없습니다.
> "

라 일상생활에서도 흔히 나타나는 현상입니다.

역사적으로 한국인의 정情은 농경사회에서 공동체의 관계를 정립하는 바탕이었습니다. 한국인은 혈연과 지연을 막론하고 안정감, 편안함, 따뜻함, 포근함 등이 가득한 정情의 울타리 안에서 전통과 풍습을 교류하며, 그 속에서 안전한 그룹in-group을 형성했습니다. 설령 다툼과 미움이 발생하더라도 그조차 포용할 수 있는 감정이 한국의 정情입니다.

하지만 정情은 결속력을 불러오다 보니 외부 그룹out-group을 밀어내는 경우도 발생합니다. 실제로 한국인은 단일민족으로 외세에 대해 배타적이었습니다. 심지어 한국 안에서도 지방색이 강해 경상도와 전라도를 중심으로 편을 가르곤 했으며, 잘잘못을 떠나 일단 소속된 지역부터 편드는 부작용이 나타나기도 했습니다.

이처럼 한국의 창피와 정情을 통해 살펴봤듯이 각 문화는 그 내용, 방식, 배경 등이 모두 다릅니다. 말 그대로 다르기

때문에 옳고 그름이나 좋고 나쁨으로 규정할 수 없습니다. 따라서 우리에게는 작게는 조직의 발전을 위해, 크게는 인류의 평화를 위해 인종, 언어, 가치관 등의 문화를 아우르는 자세가 요구됩니다. 그러자면 자문화만 고집하기보다는 타 문화를 이해하고 존중하기 위한 시간, 노력, 인내가 무엇보다 필요합니다.

미국에 대한 부정적 범주화

'멜팅 팟Melting pot'과
'샐러드 볼Salad bowl'부터 이해하라

미국 내 한식당에서 식사할 때 옆자리에 앉았던 중년 남성 4인이 생각납니다. 하나같이 유명 브랜드의 티셔츠를 입고 옷깃을 치켜세운 그들은 모자에 골프공 마커를 끼우고 있었습니다. 막 골프 경기를 마치고 식사하러 들어온 듯했습니다. 저는 그들의 목소리가 높아서 본의 아니게 그들의 대화를 듣게 되었습니다. 그들은 미국의 정치적, 사회적 실정을 주제로 미국에 대해 성급히 단정하며 각자의 주장에 열을 올리고 있었습니다. 대화 속에서 저는 그들이 미국에서 거주한 기간이 길지 않다는 사실을 짐작할 수 있었습니다.

그런가 하면 예전에 한국 신문의 문화면을 읽던 중 소개됐던 미국 관련 책도 기억납니다. 저자가 1년 남짓 미국에서 경험한 내용을 다소 부정적으로 집필한 책이었습니다. 문득 저

'멜팅 팟Melting pot'과 '샐러드 볼Salad bowl'부터 이해하라

는 의문이 들었습니다. '1년 정도의 기간 동안 미국을 충분히 경험할 수 있을까', 그리고 '1년 정도의 생활로 미국을 부정적으로 단정할 수 있을까'가 궁금했습니다. 물론 특정 지역에 오래 거주했다 하더라도 유관 경험, 지식, 정보, 관심 등이 부족하면 그곳의 문화를 제대로 이해하기 어렵습니다.

비슷한 맥락에서 제가 미국 주재원과 그 가족에게 미국 문화, 주거지 이전relocation, 현지 적응 등을 교육할 때가 떠오릅니다. 그때 교육 효과가 가장 저조했던 대상은 미국에 대해 전혀 모르는 교육생들이 아니었습니다. 오히려 미국에서 작은 기간 체류했거나 간접 경험을 토대로 미국을 단정하는 자존심이 강한 교육생들이었습니다. 모르면 열심히 배우면 됩니다. 하지만 짧은 기간과 간접 경험 속에 세워진 주관은 편견으로 발전할 가능성이 높습니다.

미국은 국토가 매우 넓습니다. 대부분 한정된 지역과 기간 속에서 제한적인 경험과 지식을 쌓으며 살아갑니다. 그 가운데 일부는 지극히 단편적인 경험과 지식을 토대로 '이것이 미국이다'라며 목소리를 높입니다. 그들의 목소리에 미국의 모습이 왜곡될 가능성이 있습니다. 더구나 그들의 사회적 지위와 경제적 능력이 크다면 그 파급력도 상당할 것입니다.

미국의 이민자, 주재원, 여행자들이 새로운 문화를 경험하거나 학습할 때 거치는 과정이 있습니다.

첫째는 속칭 '관광여행 단계', 혹은 '신혼여행 단계'로 경험 초기 3개월~6개월 정도의 시기가 이에 해당됩니다. 이때는 새로운 문화를 학습하고 이해하며, 경계심과 두려움보다는 흥미와 재미가 앞섭니다. 미국인들도 단기 방문자나 초기 정착자인 그들에게 포용적으로 대우하기 때문에 심리적 갈등이나 대립은 거의 발생하지 않습니다.

둘째는 '혼동과 좌절의 단계'로 이후 1년을 지칭합니다. 이때는 방문과 정착을 시작할 때의 설렘과 흥분이 다소 가라앉는 시기입니다. 이제 미국에서 일상생활을 영위하며 미국인과 더불어 살아가기 때문에 현지에선 동등한 눈높이로 그들을 대우합니다. 이 과정 속에서 그들은 자문화와 미국 문화의 차이를 깨닫고, 문화 충격 culture shock 속에 그것을 극복하기가 쉽지 않다는 사실을 체감합니다. 여기서 혼동과 좌절이

> "
> 미국 문화를 비유적으로 설명할 때
> '멜팅 팟Melting pot'과 '샐러드 볼Salad bowl'이라는 표현이
> 각각 '융화'와 '고유'를 상징하는 의미에서 자주 사용됩니다.
> "

깊어지면 미국에 대한 반감과 기피 현상, 나아가 열등감마저 생깁니다. 그 부정적 감정을 표출하고자 미국인을 비판하는 경우도 종종 목격할 수 있습니다.

셋째는 '적응의 단계'로 '혼동과 좌절의 단계'를 넘어설 때 찾아오는 시기입니다. 이때는 자신의 기대와 현실의 차이를 인정하며 그 격차를 줄이기 위한 노력을 합니다. 그 가운데 일정 기간이 흐르면 자신도 모르게 새로운 문화를 수용하게 됩니다. 이 시기는 충분한 관찰과 분석을 통해 문화의 차이점을 이해하고자 부단히 힘써야 합니다.

특정 문화가 형성될 때는 반드시 요구되는 기본 요소가 있습니다. 이른바 3P, 즉 특정 지역Place, 특정 사람People, 특정 시대Period가 그것입니다.

우선, 특정 지역의 지리적 위치Place에 따라 문화는 다양화됩니다. 상대적으로 미국 동북부의 뉴잉글랜드 지역은 보수

적이고, 자유분방한 서부의 캘리포니아 지역은 자유분방하며, 남부의 '바이블 벨트Bible belt'라 불리는 지역은 종교색과 자존심이 강합니다. 미국 내에서도 지역의 차이는 문화적 차이를 발생시킵니다.

다음으로 특정 사람, 곧 인적 구성과 계층People을 통해 문화는 발현됩니다. 인적 구성과 계층은 기본적으로 고소득층, 중산층, 저소득층으로 나타나며, 사무직과 정신노동자를 뜻하는 화이트칼라white collar, 생산직과 육체노동자를 뜻하는 블루칼라blue collar로 구분되기도 합니다. 하지만 미국은 거기서 그치지 않습니다. 미국인은 백인, 흑인, 남미계, 아시아계 등 다양한 인종으로 구성되어 있습니다. 이러한 인적 구성과 계층이 어우러진 복합 함수는 예상치 못한 새로운 문화들을 빚어낼 수 있습니다.

아울러 특정 세대들과 시대Period 역시 문화를 형성하는 중요한 요소입니다. 노년층과 장년층의 사고방식이 다르고, 장년층과 청년층의 생활양식이 다릅니다. 그리고 시대의 변화는 반드시 문화를 변천시킵니다. 1000년 전 문화와 100년 전 문화가 다르고, 현재의 문화와 100년 후 문화가 다를 것입니다.

미국 문화를 설명할 때 '멜팅 팟Melting pot'과 '샐러드 볼Salad bowl'이라는 표현이 자주 사용됩니다. 여기서 멜팅 팟은 '융화', 샐러드 볼은 '고유'를 의미합니다.

미국의 역사는 이민자들이 써 내려간 이민의 역사입니다. 미국은 전 세계의 다양한 인종이 평등한 구성원으로서 함께 모여 하나의 목표를 추구하는 합중국合衆國으로 발전했습니다.

멜팅 팟에는 이러한 다양한 인종과 각종 문화가 미국이라는 하나의 솥 안에서 공동 목표를 추구하고자 융화해 일체화됐다는 의미가 담겨 있습니다. 또한 샐러드 볼에는 미국의 다양한 인종과 각종 문화는 하나의 볼에 담긴 채소와 과일처럼 고유한 특성, 맛, 색상이 존중되고 유지되어 있다는 의미가 담겨 있습니다.

이를 인지하고 미국인과 함께 살아가야 하는 미국 내 한국인은 모국의 긍지와 근본을 보존하는 동시에 미국인, 또는 거주민으로서 미국과 지역 공동체의 발전에 기여하고자 노력해야 합니다. 이때 반드시 요구되는 자세는 미국과 미국인에 대한 비판보다는 미국의 문화를 인정하고 이해하려는 긍정적, 적극적 모습입니다. 미국인과 더불어 호흡하고 살아가며 그들의 생각, 말, 행동 등을 수용할 때 원활한 소통과 적절한 관계를 이어갈 수 있으며, 나아가 한국의 민간인 외교관이자 미국의 시민으로 자리할 수 있습니다.

친절과 우정의 차이

나는 당신에 대해 잘 모릅니다

일반적으로 미국인은 친절한 편입니다. 친분이 없어도, 스쳐 가면서도 서로 웃으며 가벼운 인사를 나눕니다. 하지만 한국인은 보통 안면이 없으면 긴장하거나 무표정으로 마주하는 경우가 많습니다. 아마 유년부터 장년까지 입시 경쟁, 스펙 쌓기, 구직 활동, 주택 마련, 자녀 교육, 노후 설계 등 나이와 상황에 따라 수많은 염려를 안고 살아가기 때문인 것 같습니다. 더구나 이러한 과제들은 궁극적으로 감당해야 하는 개인적, 가정적, 사회적 목표이자 사명이라 생각하기에 항상 심각한 표정을 짓고 있는 듯도 합니다.

미국 생활을 막 시작한 초기 이민자나 신임 주재원은 자신과 가족의 신속한 정착을 위해 다양한 정보가 필요합니다. 2000년대로 접어들기 전, 그러니까 인터넷이나 스마트폰이 대중화되기 전에는 미국 생활에 대한 다양한 정보를 주로 질

누구든 당신에 대해 잘 모릅니다

문과 체험을 통해 습득해야 했습니다. 게다가 당시는 영어에 능숙하지 못하면 불편은 당연하고 창피와 멸시도 감수해야 했습니다. 미국 문화는 미국인에게는 상식이겠지만 한국인에게는 충격으로 다가오는 부분도 적지 않습니다. 그 당시 이를 극복하려면 미국에 안정적으로 정착한, 경험과 지식이 풍부한 이민자나 주재원에게 정보를 구하는 것이 최선이었습니다.

그러한 시절에 미국에 갓 정착했던 한 한인 부부의 일화가 기억납니다. 미국에 아무런 연고도 없었던 그 한인 부부는 그때 영어 실력도 중급에 턱걸이하는 수준이라 미국에서 생활하기가 어려웠던 시기였습니다. 그런데 부부 중 남편분의 미국인 직장동료가 때마침 친절하게 다가와 미국 생활 관련 다양한 질문에 성의 있게 답해 주고, 실제 체험을 설명해 주기도 하였습니다. 그래서 그는 그 미국인 직장동료를 친근한 친구로 받아들이게 되었습니다.

보름쯤 후 한인 부부는 고마운 마음에 그 미국인 직장동료와 부인을 위해 불고기를 비롯한 한국식 저녁식사를 집에서 대접하기로 결정하였습니다. 그리고 남편분은 실제로 그간의 배려에 감사하다며 미국인 직장동료에게 부부 간 저녁식사를 제안하였습니다. 하지만 미국인 직장동료는 선약을 이유로 단번에 거절하였습니다.

며칠이 흘렀습니다. 그래도 감사를 표시하고 싶었던 남편분은 이번엔 미국인 직장동료의 일정이 괜찮은 날을 물어보며 다시 부부 간 저녁식사를 제안하였습니다. 그러자 미국인 직장동료는 '나는 아직 당신을 잘 모르고, 아내는 동양 음식을 별로 좋아하지 않아서 초대는 고맙지만 사양하겠다'라며 정중히 거절의 의사를 밝혔습니다. 친구라는 남편분의 생각과는 달리 미국인 직장동료는 단순히 친절을 베풀었을 뿐이었습니다.

여기서 친절friendliness과 우정friendship의 의미를 구분해 보겠습니다. 한국인은 서로 호감을 느끼고 가치관이 어느 정도 일치하면 믿음과 의리를 바탕으로 우정으로 발전하곤 합니다. 여기서 학연과 지연 등의 공통 분모가 추가되면 그 관계는 한층 깊어질 수 있습니다. 하지만 미국인은 평소 친절하고 우호적인 모습을 보인다 하더라도 우정으로까지 발전되는 경우는 많지 않습니다.

이러한 한국과 미국의 친절과 우정에 대한 문화의 차이는 각국의 역사적, 사회적 배경이 크게 작용합니다. 그동안 미국은 개척과 이주를 반복하며 살아왔습니다. 처음엔 청교도들이 신세계를 꿈꾸며 유럽에서 미국으로 대서양을 건너왔습니다. 그리고 동부에 정착한 후에는 부와 번영의 기회를 찾아 원주민, 인디언 그리고 자연과 투쟁하였고, 동부에서 서부로 미대륙을 횡단하며 개척과 이주를 계속하였습니다. 미국의 동서 간 거리는 3000마일이 넘고, 남북 간 거리는 1500마일 정도입니다. 이 광활한 대지에 50개의 주가 자리 잡고 있으며, 큰 면적의 주는 웬만한 국가의 영토보다 넓습니다. 그래서 같은 미국에 거주한다 하더라도 동부의 뉴욕주와 서부의 캘리포니아주에서 각기 살아간다면 다른 나라에 사는 것과 다를 바 없습니다.

현재 미국인은 가정, 학교, 취업 등을 이유로 통상 5년에

> "
> 역사적, 사회적 배경의 차이는 문화의 차이를 불러오며,
> 이는 언어와 표현법의 차이로도 나타납니다.
> 미국인의 '친절'과 한국인의 '우정'이 그렇습니다.
> "

한 번 정도 거주 지역을 먼 거리로, 다른 주로 옮겨 다닙니다. 그래서 미국을 이동사회mobile society라고 지칭하기도 합니다. 이러한 빈번한 이주 때문에 미국인은 새로운 지역에서 새로운 사람들과 새로운 관계를 시작하는 경우가 잦습니다. 그리고 그곳의 거주민에 의지하며 살아가야 하므로 긍정적인 관계 정립이 필요하며, 이때 친절은 우호적인 관계로 발전하기 위한 효과적인 방법입니다.

이처럼 미국인은 역사적 배경도 그렇고, 현재의 사회생활과 조직생활 속에서 훌쩍 이동해야 하는 여건이기에 사귐과 헤어짐에 익숙해야 합니다. 그 관점에서 친절은 우정보다 덜 부담스럽고, 일상생활에 보다 유리합니다.

반면 한국을 포함한 상당수 아시아 국가는 역사적으로 농경사회였습니다. 한 지역에서 대를 이어 협동하며 농사짓고, 이웃집의 추수도 도와주는 돈독한 관계가 요구되었습니다.

이러한 문화 속에서 소속감과 연대감을 주고받는 관계가 유지되었을 때 그 지역에서 생존하고 토착할 수 있었습니다.

그래서 한국인은 친절이 반복되면 우정으로 변화할 가능성이 높습니다. 물론 현재는 한국도 서구화를 맞이하며 청년층을 중심으로 개인주의가 확산되고 있어 향후에는 친절, 또는 새로운 삶의 방식을 선택할지도 모르겠습니다.

역사적, 사회적 배경의 차이는 문화의 차이를 불러오며, 이는 언어와 표현법의 차이로도 나타납니다. 앞서 한국인과 미국인의 언어에 깃든 정서를 각각 'high context'와 'low context'라고 설명한 바 있습니다. 여기서 'context'는 소통을 위해 요구되는 방법 전반을 일컬으며, 표정, 제스처, 분위기 등의 비언어적 요소도 포함합니다.

다시 짚어보면 한국인의 'high context'는 수사, 정성, 은유 위주의 종합적 표현법인 반면, 미국인의 'low context'는 직설, 정량, 사실 위주의 선형적 표현법입니다. 그래서 'high context'는 소통을 위한 방법이 매우 다양하고, 'low context'는 소통을 위한 방법이 아주 간편합니다.

실제로 한국인의 표현에는 비유와 상징이 적지 않은 비중을 차지합니다. 사실이나 내용을 그대로 표현하기보다는 상황과 관계를 고려한 후 완곡하게 우회적으로 얘기하는 경우가 많습니다. 이때 표정과 어투 등을 활용하며 총체적으로 상대방이 메시지를 파악할 수 있도록 유도하기도 합니다. 이처럼 한국인의 'high context'는 소통의 전과 후, 배경과 환경, 눈치와 느낌 등 다양한 소통 매개체가 종합적으로 활용됩니다.

그런가 하면 미국인의 표현은 직설적인 편입니다. 사실과 내용을 그대로, 직선적으로 표현하며, 얘기를 들을 때도 일차원적으로 해석하고 이해하려 합니다. 그래서 미국인의 'low context'는 단어와 문장을 별도의 여과 없이 선형적으로 수용합니다.

이와 같이 역사적, 사회적 고유한 배경은 각국의 문화에 지대한 영향을 미치며 차이점을 만들고 있습니다. 미국인의 '친절'과 한국인의 '우정'도 그렇습니다.

우리는 자신이 경험한 문화와 생활이 가장 편하고 옳다고 생각합니다. 그 가운데 생소한 상황을 맞이하면 긴장하며 부담을 갖고 수용하기 꺼리는 경향이 있습니다. 이를 극복하려면 서로의 차이를 인정하고, 상대의 지역, 환경, 시대가 쌓아 올린 문화를 존중해야 합니다. 특히 문화 용광로 melting pot 속에 자진해서 들어온 이민자들은 가능한 원주민의 문화를 존중하고 수용하는 자세가 필요합니다.

미국 조직의 본질적인 특성

우리we인가, 나I인가?

특정 인종과 민족으로, 또 특정 국가와 지역에서 대대로 자라온 사람은 자신의 문화를 공기처럼 자연스럽게 받아들이며 생활합니다. 가령, 서울의 토박이가 낙원동 뒷골목을 걸어갈 때 특유의 풍경과 소음, 냄새와 습도는 아주 편안하게 다가옵니다. 하지만 외국인의 경우는 다릅니다. 외국인이 이 길을 걸어갈 때 이색적인 정경과 정취는 자신의 문화와 달라 긴장과 불안을 불러올 가능성이 높습니다. 이때 한국에 대한 이해와 경험이 있으면 그 부담과 신경은 덜합니다. 그 관점에서 미국의 사회와 조직에서 활동하는 한국인 역시 문화의 차이를 미리 인지하고 있으면 적응하기가 한결 수월합니다.

2000년대 초까지 한국과 미국은 각각 고유한 경영 스타일로 회사와 조직을 운영했습니다. 이를테면 한국의 대기업은 대규모 공개채용을 통해 포괄적 업무를 중심으로 부서와 구성원을 관리했습니다. 이는 경쟁적 조직 분위기보다는 비슷한 역량과 사고를 겸비한 구성원의 화합을 기반으로 총체적 경쟁력을 발휘하려는 의도였던 것 같습니다. 그러다 보니 신입사원이 임무를 부여받은 초기에는 전문적인 자격과 요건이 부족했으며, 교육, 업무, 경험 등을 통해 점진적으로 전문성을 쌓아 가야 했습니다. 그 속에서 한국형 관리자는 'specialist'와 'generalist' 사이에 자리했습니다. 그들은 어떠한 역할을 맡겨도 웬만큼 업무를 처리할 수 있었지만, 특정 기능의 질적 측면에선 전문성이 결여되기도 했습니다. 그 가운데 업무평가, 승진, 보상 관련 제도는 능력과 실적도 중요하지만, 입사일과 연공서열 등의 집단적이고 일률적인 요소가 함께 고려되었습니다.

하지만 최근 한국의 조직은 공개채용보다는 미국의 조직과 유사한 수시 채용으로 변환되는 중입니다. 저출산과 고령화, MZ세대의 새로운 라이프 스타일, 경쟁우위에 필연적인 조직의 글로벌화 등 환경의 변화 속에 일본식 종신고용 개념이 사라지고 미국식 능력주의가 정착하고 있습니다.

실제로 미국의 조직은 필요와 상황에 따라 채용을 진행합니다. 요구 직책과 주요 업무를 기준으로 이를 수행하기에 적절한 능력, 경력, 학력, 태도를 갖춘 후보자를 채용합니

우리we인가, 나 I 인가?

다. 미국의 조직은 대학을 갓 졸업했어도 다양한 경험을 필요로 합니다. 대학 시절의 인턴십을 비롯한 유관 활동을 통해 업무 역량의 보유와 준비 정도를 구체적으로 파악합니다.

그리고 미국의 조직에서 장기적 고용 관련 개념은 없다시피 하며 입사동기와 연공서열 관련 개념 역시 극히 희박합니다. 무엇보다 역량을 중심으로 결과나 성과가 기대치만큼 도출되면 승진과 보상을 요구할 수 있고, 반대의 경우는 언제든지 예고 없이 해고될 수 있는 문화입니다. 따라서 상사의 눈치를 살피지 않으며, 업무의 양이나 시간이 아닌 결과와 성과에 집중해 일하곤 합니다. 이는 한편으론 채용시장에서 경쟁력을 인정받기 위한 일환이기도 합니다. 미국의 조직 구성원은 자신을 채용시장의 상품talent으로 간주하므로 연봉 극대화를 위해 경력 경로career path를 항상 업데이트하고 있습니다. 따라서 동일한 팀은 물론 유사 업무를 행하는 구성원 간에도 보이지 않는 경쟁이 치열합니다. 그 때문에 업무평가가 계량적, 객관적, 단기적 차원으로 진행됩니다. 예전에 한국의 회사가 조직과 상사에 대한 충성, 헌신, 희생 등의 요소들을 통해 구성원들을 판단하였다면, 미국의 회사는 채용시장의 수요공급 원리를 바탕으로 채용시장 내 특정 직책의 인건비를 확인한 다음 업무 내용, 성과, 급여 수준을 유사 스펙과 비교한 후 객관적, 상대적 잣대에 따라 구성원의 가치를 판단합니다.

미국 조직은 기본적으로 직급보다는 직책의 중요성이 강조되며, 역할과 책임을 의미하는 R&Rroles & responsibilities과 업무 기술서job description에는 그 직책과 업무 내용이 구체적으로 명시되어 있습니다. 아울러 직책이나 업무에 따른 책임과 권한은 상당히 명확하고, 의사결정 과정도 간결하고 단순합니다. 그래서 권한과 예산 아래 소신껏 업무를 수행할 수 있으며, 그 결과에 따라 보상, 승진, 해고 등 객관적이고 형평성 있는 평가가 뒤따릅니다. 그런가 하면 미국 조직의 경영진은 단기적 경영 실적과 성과 지표에 민감하게 반응하며 상벌에 대한 인사 결정도 신속하게 수행합니다. 실적이 저조하거나 과업이 실패하면 주저하지 않고 유관 인력을 해고합니다. 이는 실적과 성과 중심의 경쟁적 조직문화를 형성합니다.

미국 조직의 이러한 특성은 유대감 속에 운영되는 한국 조직과는 차이점이 상당합니다. 따라서 미국인과 한국인이 함께 근무하는 회사는 문화의 다양성에 입각한 경영 방식이 필요하며, 구성원의 가치관과 사고방식을 제대로 파악해 서로에 대한 존중을 핵심가치로 교육을 실행해야 합니다.

문화의 차이를 이해한다는 것은 언어를 넘어 상대방을 이해한다는 의미이기 때문에 원활한 소통과 협업을 위해 요구되는 선행 과제입니다. 그 관점에서 미국인과 한국인이 함께 근무하는 조직에서 중요하게 짚어봐야 하는 문화의 차이를 비교해 보고자 합니다.

먼저, 시간 개념을 들여다보겠습니다.

과거 한국은 농경사회로 특정 지역에 정착하며 생활했습니다. 그리고 1년 내내 계절, 날씨, 곡물의 특성 등 자연의 이치에 따라 곡물을 경작했을 때 그 결실을 수확할 수 있었습니다. 따라서 한국의 시간 개념은 '흐른다'입니다. 한국인은 시간을 관리, 통제, 활용하기보다는 농경사회 속 시간의 흐름에 맞춰 살아왔습니다. 게다가 오랜 기간 더불어 살아가다 보니 가족과 친척 같은 혈연관계가 주를 이루게 되었고, 자연히 예절과 규범이란 운영체계 속에서 조화, 화합, 인내, 순종 등의 가치를 추구하게 되었습니다.

반면, 과거 미국은 개척사회로 동부에서 서부로 생존과 도전을 위해 주기적으로 거주지를 이동하며 생활했습니다. 적절한 목초지를 임시 거점 삼아 텐트를 치거나, 더욱 오랫동안 머무를 경우는 최소한의 거주 요건을 갖춘 통나무집을 지어서 활동했습니다. 이러한 이주의 반복 속에 개척, 모험, 변화 등은 우리we가 아니라 자신I이 감당해야 하는 과제였습니다. 따라서 미국의 시간 개념에는 관리, 통제, 활용이란 속성이 스며 있습니다. 이는 'wait for a second' 같은 초 단위 표현에서도 그 속성을 확인할 수 있습니다.

다음으로 관계 개념에 대해 살펴보겠습니다. 한국의 농경사회와 미국의 개척사회는 인간관계 정립 측면에서 집단주의와 개인주의를 각각 낳았습니다.

실제로 한국의 농경사회는 모내기와 추수 등 상당한 노동력이 요구되었습니다. 그래서 직계 가족을 포함해 3대, 또는 4대까지 이어지는 혈연관계가 함께하는 공동생활이 주를 이루었습니다. 무엇보다 농사일이란 과제를 원활하게 수행하고자 협동과 단합이 요구됐고, 이를 위해 위계질서를 비롯한 예절과 규범이 생겨났습니다. 그 가운데 조화, 화합, 의리, 희생, 배려, 인내, 적응, 예의, 존중 등의 가치가 강조됐으며, 표현법 역시 자신보다 상대를 고려하면서 간접적, 내향적, 은유적으로 뜻을 전달하게 되었습니다. 그리고 자칫 부정적인 낙인이라도 찍히면 그 마을을 떠나야 하는 상황이 발생하기도 했습니다.

이와 같은 특성은 한국의 조직에도 영향을 미쳤습니다. 나이와 지위 중심의 연공서열을 중시하게 됐고, 능력과 태도만큼 위엄, 권위, 체면도 중요하였으며, 구성원 간 원만한 인간관계 유지harmony와 의견 합의consensus는 성과나 결과 이상의 중요한 과정으로 여겨지기도 했습니다. 이 관행은 서로의 잘못도 묵인하고 방조하는 부작용을 불러오기도 했으며, 최근에는 한국의 경제성장을 통한 의식 확장과 서구화 영향으로 세대 간 갈등도 유발했습니다.

반면에 미국의 개척사회는 개인의 존재를 사회를 구성하는 핵심 요소로 간주합니다. 예로부터 자신이 활동하는 광활한 지역을 관리하며 가족을 안전하게 보호해야 하는 여건은 협동이나 단합이 아닌 자주적인 권리와 능력을 통해 경쟁이나 투쟁에서 우위를 점해야 하는 상황을 연출시켰습니다. 그 속에서 미국인은 독립적인independent 성향이 강화됐고 직설적이고 솔직하며, 높낮이 없이 대등하고 자유롭게 표현하고 행동하게 되었습니다. 그리고 자기 홍보self-promotion에 적극적이고 능숙하게 되었습니다. 미국인은 작은 기여나 성과라 하더라도 반드시 강조합니다.

그러다 보니 한국인이 불편과 불만을 감당하며 속내를 드러내지 않고, 체면이나 인내로 물질적, 정신적 손해를 감수하려는 상황에 대해 이해하지 못합니다. 특히 눈치를 살피며 자신의 주장을 펴지 못하는 모습을 위선이나 거짓이라 해석하기도 하며, 겸손과 겸허의 모습을 자신감이나 역량의 부족으로 오인하기도 합니다.

미국인의 개인주의를 이해할 때 프라이버시privacy의 중요성에 대해 반드시 숙지해야 합니다.

미국에는 예로부터 'personal space', 또는 'bubble space'라 불리는 상호 존중을 위한 거리 두기 공간이 있습니다. 간격은 1.5m~4m 정도이며, 이보다 가까운 공간은 'intimate space'라 부르며, 연인이나 절친한 친구 사이에만 허락됩니다. 미국인들은 유동 인구가 아무리 많아도 이러한 사회적 합의를 지키고자 노력합니다. 부득이하게 이러한 공간을 침범할 때면 사과나 양해를 구하며, 그러지 않으면 무례하다고

> "
> 미국인과 한국인이 함께 근무하는 회사는
> 문화의 다양성에 입각한 경영 방식이 필요하며,
> 구성원의 가치관과 사고방식을 제대로 파악해
> 상호 존중을 핵심가치로 교육을 실행해야 합니다.
> "

생각합니다.

그리고 미국인은 프라이버시를 존중해 상대에 대한 관여와 관심이 적은 편입니다. 당연히 개인의 정보 공유에 대해 매우 민감하며, 정보 공유가 필요할 때는 반드시 당사자의 허락을 구합니다. 나이, 체중, 결혼과 이혼 여부, 자녀 여부, 종교, 재산, 소득 등 유관 질문도 조심하며, 그 정보를 제3자에게 공유하지 않습니다. 그 때문에 만약 부적절하게 개인의 정보, 특히 개인신상이 유출되는 경우가 발생하면 소송도 불사합니다. 이는 집단주의 속에서 개인 정보에 상대적으로 관대한 한국인이 미국 사회나 조직에서 활동할 때 각별히 주의할 부분입니다.

아울러 평등주의와 계급주의 측면에서 짚어볼 필요도 있습니다.

미국은 19세기 중반 링컨Abraham Lincoln 대통령의 노예 해방 선언 이후 지금까지 평등을 추구하며 투쟁하고 있습니다. 로사 팍스Rosa Parks 사건과 마르틴 루터 킹Martin Luther King Jr. 목사의 인권운동Civil Rights Movement을 비롯한 지속적 노력과 희생에 힘입어 평등에 대한 기본권은 강화됐으며, 지금도 실질적인 법적, 제도적 장치들이 발전하고 있습니다. 이를테면 연방법은 나이, 성별, 인종, 국적, 피부색, 신체 조건(장애 여부), 종교, 신념, 성적 취향sexual preference을 특별 보호군protected classes으로 삼고 차별이나 학대 없이 균등한 기회를 제공하도록 규정하고 있습니다. 이외에도 'civil rights act', 'labor law', 'affirmative action' 등 평등을 위한 세부적인 법규들이 보완적으로 실행되고 있습니다.

그런데 한국의 차별은 미국과는 성격이 다릅니다. 단일민족이다 보니 미국과 같은 유형의 인종차별은 거의 없습니다. 다만 한국은 역사적으로 계급주의가 확연했습니다. 신분제도로 대변되는 계급주의는 집단주의와 어우러졌으며, 오늘날 물질만능주의 속에 이른바 갑을 관계라는 신종 계급주의를 형성했습니다. 최근 한국에는 정치, 경제, 사회 등의 분야에서 신분, 직위, 권력, 재력 등을 과시하며 군림하는 사람들이 나타났고, 그 사람들의 요구에 부응하는 사람들이 신종 갑과 을로 상징되고 있습니다.

실용주의와 형식주의도 미국과 한국을 구분 짓는 특징입니다. 개인주의와 평등주의는 자연스럽게 실용주의를 낳았고, 집단주의와 계급주의는 반대로 형식주의를 낳았습니다.

일례로 미국의 제42대 대통령 빌 클린턴Bill Clinton은 여성 관련 스캔들로 탄핵의 위기에 몰렸으나 대통력 직무 수행에는 문제가 없다는 여론에 힘입어 대통령직을 유지할 수 있었습니다. 대조적으로 한국의 기성세대는 머리, 즉 이성적인 측면보다는 마음, 곧 감성적인 측면으로 대응하는 경우가 많으며 어중간한 절충보다는 확실한 흑백을 선호하는 듯합니다. 그래서 마녀사냥식의 매도 상황도 종종 목격되곤 합니다.

이처럼 미국인은 합리, 논리, 현실, 객관 등에 익숙하며, 한국인은 화합, 형식, 체면, 감성 등을 우선시합니다. 이러한 성향은 조직에 중대한 영향을 미치기 때문에 상호 가치관의 차이를 이해해야 합니다.

그 외에 야유회를 비롯한 조직 내 단합 대회에 대해 언급하고자 합니다. 한국의 대기업에서 주재원으로 활동하던 당시 미국법인의 법인장이 새롭게 취임했습니다. 그래서 부임 축하와 친목 도모를 위해 토요일에 야유회를 추진하게 되었습니다. 대상은 주재원을 포함한 미국법인의 한국인과 미국인 구성원, 그 가족이었습니다. 그런데 야유회를 준비하던 팀은 뜻밖의 문의 사항을 접하게 되었습니다. '토요일에 참여가 어려우니 평일로 일정을 조정할 수 없나요?', '개인의 시간을 회사에 할애하는 만큼 잔업수당overtime은 얼마나 줍니까?', '그 시간에 아이돌보미babysitter 서비스를 지원해 주나요?' 등이 그것입니다. 그 문의 사항에 적절히 대응하며 야유회는 진행되었지만, 당일 행사장에 미국인 구성원은 제때 나타나지 않았고, 늦게 도착하더라도 미안한 내색 없이 여유롭게 자신의 가족과 자유로운 시간을 보내다 돌아갔습니다.

미국인은 업무적 책임과 의무, 계약과 약속의 이행 등에 대해서는 철저한 편이지만 최소한의 규정을 준수하고, 타인에게 피해를 주지 않으면 개인적인 시간의 활용은 자신의 권리이고 자유라고 생각합니다. 그 때문에 그 시간을 업무로 대신했을 경우 상응하는 보상을 요구합니다. 그리고 자신의 권리나 이익에 피해가 발생하면 대부분은 소송을 진행해 유무형의 보상을 받아냅니다.

한국의 집단주의 측면에서 개인의 자유는 제한되기도 하기에 미국의 이러한 사고방식과 행동양식에 대해 이기적이고 물질적이라 여겨질 수도 있습니다. 하지만 미국은 '우리we'보다는 '나'의 관점이 본질이라는 사실을 기억해야 합니다.

미국 조직의 기본적인 매너

로마에 가면 로마법을 따르라

　미국의 사회와 조직에서 활동하는 가운데 그들의 전통, 관습, 생각 등에 대한 이해의 중요성은 아무리 강조해도 지나치지 않습니다.

　약 20~30년 전만 해도 미국에서 한국은 긍정적인 인식의 국가는 아니었습니다. 특정 미국인의 지엽적이고 주관적인 부정적 지식과 경험이 확대 해석 일반화되어 한국 전체를 부정적으로 속단하는 경우들도 생겼습니다. 하지만 최근에는 세계 10위권의 경제 대국으로 진입, K-Pop과 K-Movie를 비롯한 대중문화 컨텐츠의 인기, 반도체와 인터넷 같은 첨단기술의 발전 등으로 그 위상이 예전과 달라졌습니다. 그런 만큼 미국을 방문하는 여행객을 포함해 유학생, 주재원, 이민자들은 행동과 태도에 더욱 신경 써야 합니다. 불필요한 오해나 편견을 받지 않고 긍정적 대접과 대우를 받기 위해 미국 사회와 조직의 기본적인 관념과 예절을 올바로 이해하고 준수해야 합니다. 특히 아래 내용은 상식적으로는 이해가 되시만 내새화하지 않으면 실천이 쉽지 않은 부분으로 부단한 관심과 연습이 필요합니다.

악수

미국인과 악수할 때는 상대방의 눈을 바라보며 미소 짓고, 상대방의 손을 적당한 악력으로firmly 붙들고 서너 차례 부드럽게 흔들어 주어야 합니다. 왼손을 오른손 아래에 받치거나 악수와 인사를 겸하거나 시선을 맞추지 않는 가운데 진행되는 악수는 적절치 못합니다. 예전에는 여자와 남자가 악수할 때 여자가 악수를 먼저 청하는 관례가 있었지만, 지금은 그 의미가 희미해졌습니다.

아이 콘택트 eye contact

미국인과 대면할 때는 아이 콘택트, 곧 눈맞춤을 항상 유지해야 합니다. 눈맞춤은 상대에 대한 예의이며, 상대를 존중하고 솔직하게 대화하겠다는 의미를 담고 있기 때문입니다. 한국인은 유교적인 차원에서 예의상 손윗사람이나 상위 직급자의 눈을 쳐다보지 않는 경우가 있지만, 미국인은 이를 솔직하

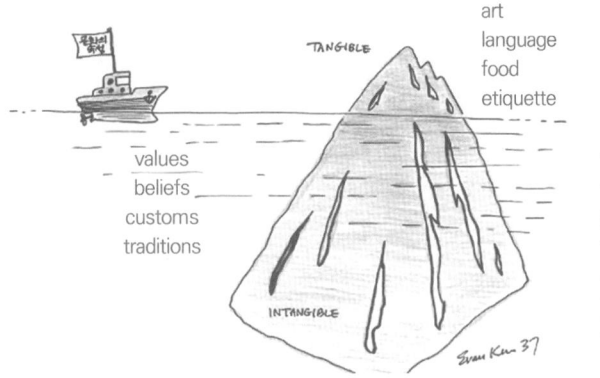

문화를 빙산에 비유한 그림

지 못하거나 자신감이 부족하다고 받아들일 수 있습니다.

명함 business card

미국인은 명함에 대해 한국인만큼 중요하게 인식하고 있지 않습니다. 그래서 명함을 만지작거리거나 예사롭게 메모하고 낙서하곤 합니다. 하지만 한국인 중에는 명함을 자신의 얼굴처럼 중요하게 생각하는 사람도 있습니다.

대화

미국인은 대화를 시작할 때 날씨, 스포츠, 휴가, 취미, 뉴스 등 일상적인 주제를 가볍게 언급합니다. 이때 절친한 관계가 아니라면 이하의 내용과 같은 질문은 삼가는 편이 원만한 관계 정립에 유리합니다. 첫째는 재정 상황, 주요 수입원, 부동산 소유 등 소득이나 자산 관련 내용입니다. 둘째는 나이, 체중, 키, 외모 등 신체 특성 관련 내용입니다. 특히 여성의 경우 외모에 대한 칭찬은 가능하나 과하면 성희롱으로 오인받을 수 있습니다. 셋째는 정치와 종교 등 이념 관련 내용입니다. 실제로 도널드 트럼프Donald John Trump 대통령 재위 시절 인종과 지역을 막론하고 이념적 갈등이 양극화된 바 있습니다. 넷째는 결혼 여부, 자녀 유무 등 가족 관련 내용입니다. 이는 상대방이 먼저 거론하지 않는 이상 물어보지 않는 편이 좋습니다. 예기치 못한 어려운 상황을 겪고 있을 수도 있기 때문입니다.

아울러 미국 내 한국계 회사에서 대화할 때는 미국인 구성원을 위한 배려가 필요합니다. 미국 내 한국계 회사는 한국인의 비중이 높아 사무실 이곳저곳에서 한국어로 대화가 이루어지곤 합니다. 이때 미국인 구성원은 소수minority이다 보니 소외감을 느낄 수 있으며, 혹여 자신의 이름이라도 거론되면 의아함 속에서 불쾌감을 느낄 수도 있습니다. 따라서 한국어 대화는 필요시 사용하되, 혹여 대화에서 미국인 구성원을 언급해야 하는 경우 양해를 구하길 권합니다.

약속과 초대

미국에서 약속과 초대 등 상호 일정을 조율할 때는 최소한 일주일 이상의 시간적 여유를 갖고 진행합니다. 결혼식과 같은 공식적인 행사에 초대됐을 때는 참석 여부를 회신해야 하며, 참석을 약속한 후에 사전 통보 없이 불참하는 행동은 예의에 어긋납니다.

그런가 하면, 미국의 서비스업은 대부분 예약이 필수입니다. 예약은 약속의 개념에서 이행해야 하며, 취소 시에도 시간적 여유를 둬야 합니다. 그렇지 않으면 사업주는 손실을 입을 가능성이 높습니다.

미국인은 자신의 시간이 아주 중요한 만큼 상대방의 시간도 중요하다고 생각합니다. 따라서 미국의 조직은 시간 대비 탁월한 성과와 결과에 가치를 부여합니다. 오랫동안 업무에 매달리면 오히려 비효율적이고, 무능력하다고 오해합니다. 그러다 보니 미국의 조직에서 상사의 퇴근을 기다리며 눈치를 살피는 경우는 찾아보기 어렵습니다.

동일한 맥락에서 업무 마감일 due date에 대한 책임감이 강하며, 약속 이행이 여의치 않으면 사전 통보 및 적절한 사유

> "
> 언어, 의식주, 예술, 전통, 예절 등
> 기시적인 문화만 온전히 습득히더라도
> 미국인과 긍정적으로 관계를 정립하고,
> 원만하게 협업을 수행할 수 있습니다.
> "

가 요구됩니다,

식사

미국인은 한국인보다 오랜 시간에 걸쳐 식사합니다. 특히 저녁 식사는 두 시간 이상 소요됩니다. 그래서 미국인과 식사 시 시사적이거나 상식적인 화젯거리를 대화의 주제로 준비한다면 크게 도움이 됩니다.

만약 영어구사력이 부족하다거나 부득이하게 참여하는 자리라면 한국 식당을 식사 장소로 정해 한국 문화를 주제로 대화를 이어가도 의미가 깊습니다. 아니면 식사 자리의 인원수를 높여 화기애애한 분위기를 유도할 수노 있습니다. 이때 좌석은 한국인과 미국인이 섞여 자리하고, 한국어 사용은 자제하는 편이 친근감을 더욱 불러올 수 있습니다.

아울러 음식을 섭취할 때 쩝쩝거리거나 후루룩거리는 소리를 삼가야 합니다. 그리고 입 안에 음식이 있으면 말하지 않고, 보이지 않게 조심해야 합니다. 특히 트림은 금기 사항입니다. 트림이 나오면 반드시 'Excuse me!'라고 얘기해야 합니다. 단, 코를 푸는 행위는 관습상 허용됩니다.

그런가 하면 테이블 가운데 공용 음식은 공용 집기를 활용해야 하며, 공용 음식을 집거나 떠내면 도로 담지 않아야 합니다.

스킨십

근래 미국은 여성에 대한 성폭력 관련 사례들이 표면화 및 공론화되면서 '미투 운동me too movement'이 펼쳐졌습니다. 권력, 지위, 재력 등의 위력을 통해 자행되던 여성들에 대한 부적절한 행위, 협박, 요구는 철퇴를 맞고 있습니다. 이러한 인식의 교화 속에서 스킨십을 포함해 성적 수치심을 유발하는 언행은 미국 회사에서도 민감한 사안으로 받아들여지고 있습니다. 따라서 조직마다 고급 관리자를 중심으로 유관 교육과 제도를 강화하고 있습니다.

미국에서 성희롱Sexual harassment은 '상대가 불편을 느끼는 순간' 성립됩니다. 이는 상대적이고 주관적이기 때문에 스킨십을 포함해 언행이 경솔하지 않도록 항상 신중을 기해야 합니다.

　문화의 속성은 빙산에 비유할 수 있습니다. 수면 위 빙산의 꼭지는 문화 중 언어, 의식주, 예술, 전통, 예절 등으로 가시적입니다. 오감을 통해 직관적으로 판단하고 학습할 수 있습니다. 수면 아래 빙산의 덩어리는 문화 중 매우 중요한 가치관과 사고관 등으로 오랫동안 축적된 직간접적 경험을 통해 이해하고 수용할 수 있습니다. 여기서 빙산의 꼭지에 해당하는 언어, 의식주, 예술, 전통, 예절 등만 온전히 습득하더라도 최소한 미국인과 긍정적으로 관계를 정립하고, 협업을 수행하는 데 도움이 됩니다.

　이를 위해 '로마에 가면 로마법을 따르라'는 표현을 항상 명심해야 합니다. 미국에서는 미국의 문화를 존중하고 그들의 관점을 견지하되 한국인의 자존심과 자부심을 지키며 활발히 활동하길 희망합니다.

에필로그

미국의 다양성 조직에서 요구되는 역량

청명한 토요일 아침 햇살 속에서 원고의 마지막 부분을 마무리하며 랩톱을 닫았습니다. 집필 내내 따라다니던 긴장감과 책임감이 사르르 녹아내리며 날아갈 듯 홀가분한 마음에 사로잡혔습니다. 언제나 마시던 커피지만 오늘따라 그 향을 더욱 깊이 음미할 수 있고, 차창 밖 목련 나무에 맺힌 꽃망울, 그 사이를 날아다니는 벌들도 세세히 눈에 들어온다는 사실이 신기합니다. 아마 이 순간만큼은 세상을 향한 목적과 목표에서 벗어나 자신과 주위에 편안히 집중할 수 있는 마음의 여유가 생기면서 '볼 것'과 '들을 것'을 의식적으로 선택하며 살아가던 일상을 잠시 내려놓았기 때문인 듯합니다.

우리는 전반적인 교육을 일단락하는 20대 중후반부터 은

퇴 시기에 도달할 때까지 특정 집단에 소속되어 다양한 형태로 사회생활과 조직생활을 하며 살아갑니다. 보통은 선택적으로, 때로는 운명적으로 다양한 환경, 문화, 장소 속에서 사람들과 함께 어울리고 서로 경쟁하며 살아갑니다. 이처럼 우리의 삶은 경험하지 못한 불확실한 인생길 위에서 다양한 목표와 계획을 수행하며 보람과 행복을 찾아가고자 노력하는 과정의 연속인 듯합니다.

저는 1985년에 미국이라는 이질적 환경과 문화 속에서 새내기 사회인으로, 새로운 조직에서 주재원으로 사회생활을 시작하였습니다. 주재원으로 부임한 초기에는 영어와 업무에 대한 오만한 자신감도 있었던 것 같습니다. 하지만 예상치 못했던 문화적 충격cultural shocks 속에서 당혹감과 억울함, 오해와 갈등 등 숱한 감정의 롤러코스터를 경험했고, 이는 결과적으로 개인 활동과 업무 수행에 부정적 영향을 미쳤습니다.

그 가운데 저는 성찰과 반성을 계속했고, 미국, 미국인, 미국식 비즈니스에 대해 정확하게 이해해야만 관계적 소통과 업무적 성과도 성공적으로 수행할 수 있다는 사실을 깨달았습니다. 그래서 저는 미국, 미국인, 미국식 비즈니스에 대해 이해하고자 부단히 노력하며, 6년쯤 후 이를 토대로《미국생활 가이드》라는 책을 출간할 수 있었습니다. 당시의 기억을 되새기고, 38년간의 미국 조직생활과 사회생활을 다시 들여다보고 정리하는 만큼 이 순간은 홀가분한 여유와 함께 새로운 설렘과 책임이 동시에 다가옵니다.

'최상의 제품과 서비스를 가장 경쟁력 있는 가격에 공급하고 최고의 이익을 창출한다'는 문구는 영리를 추구하는 조직의 공통된 목표입니다. 그런데 동종homogeneous의 인력들이 아닌 다양한heterogeneous 인력들이 더불어 근무하는 글로벌 조직이나 이중문화bicultural 조직에서는 목표 달성을 위한 필수 요소인 제품, 서비스, 시스템 이외에도 조직문화, 즉 구성원의 사고방식과 가치관 등을 중요하게 고려해야 합니다. 하드웨어적인 차원에서 시설과 체계가 훌륭히 갖춰졌다 하더라도 조직의 목표 달성은 구성원에게 달려 있고, 구성원 간 신뢰, 존중, 소통, 이해, 수용, 협력을 통해 크고 작은 성과가 도출됩니다. 그 관점에서 이번 책은 오랜 기간의 직접 체험과 시행착오들을 통해 깨우친 바를 다양성 조직과 인연 맺고 있는 인재들과 공유하고자 합니다.

문화를 쉽게 정의하면 '편안하고 익숙하게 일상생활을 안정적으로 유지하는 데 필요한 주어진 모든 것'입니다. 표면적으로는 음식, 의복, 예술, 언어, 예절 등을 떠올릴 수 있지만, 실제로는 전통, 관습, 믿음, 가치관 등과 같이 본질적인 부분의 이해가 더욱 중요합니다. 그래서 영어에 능숙하다고, 혹은 미국에 오래 살았다고, 미국, 미국인, 미국 사회를 온전히 이해한다고 단정 짓는 것은 위험합니다.

더욱이 미국인과 함께 결과와 성과를 도출해야 하는 영리 단체를 성공적으로 운영하려면 통상 교육 테이블에 주요 메뉴로 올리는 역량과 기술, 리더십과 협업력 등과 같은 주제뿐 아니라, 이중문화 조직 관리에 필수적으로 요구되는 영어 구사력, 미국 문화와 미국인의 가치관, 미국식 비즈니스 관행과 소통 등도 교육이 필요합니다.

한국에는 '집 떠나면 고생이다'라는 속담이 있습니다. 이는 자신에게 익숙한 환경을 벗어나면 적응이 쉽지 않다는 사실을 반증하고 있습니다. 그런데다 동질적인 환경 속에서도 세대별, 지역별 차이가 복합적으로 조직에 영향을 미치는 만큼 미국에서 다중문화 조직을 일차적 관리 잣대만으로 운영하고 활동하기란 쉽지 않습니다.

우리는 건강을 위해 유산소 운동과 근력 운동을 합니다.

하지만 작심삼일이 다반사고, 제대로 효과를 보지 못한 경험도 상당수 갖고 있습니다. 이를 극복하고 실질적인 효과를 기대하려면 간절함과 절실함 가운데 강력한 의지를 통해 습관화를 실현해 나가야 합니다. 이 원리는 운동을 비롯한 대부분의 활동은 물론 리더십과 관리력에도 동일하게 적용할 수 있습니다.

그런데 직접 체험을 통한 습관화 없이 간접 체험 위주로 리더십과 관리력이 교육되고 조직이 운영될 경우 새로운 시행착오가 나타날 수 있습니다. 따라서 단기간에 이론적 학습만으로 조직 구성원에게 소통, 설득, 협업, 지도 등을 교육하기보다는 충분한 시간 속에서 습관화를 위한 다각적인 시도가 수반될 때 돈독한 관계 정립과 원활한 업무 수행을 실현할 수 있습니다.

이를 위해 저는 오랜 기간 다양성 조직diverse organization의 이중문화 속에서 조직관리 및 인력개발 등의 과제들을 총괄하며 터득한 핵심 요소, 즉 다양성 조직에서 추가로 반드시 발달시켜야 하는 부위별 업무 근육을 공유하고자 합니다.

언어 근육

업무 수행은 물론 협업과 소통을 위해 영어구사력은 필수적으로 갖춰야 합니다. 영어를 원활하게 구사하지 못하면, 종합적인 능력까지 폄하되는 경우도 생깁니다. 아무래도 발음과 어조까지 유창하다면 이상적이겠지만, 최소한 자신의 생각을 정리해 상대에게 명확하게 전달할 수 있는 실력은 갖춰야 합니다.

지적 근육

업무의 실무자, 관리자, 경영진으로서 요구되는 관리기법은 물론 유관 이론, 지식, 정보 등을 갖추는 것은 기본입니다. 하지만 지적인 면모 대신 지위와 권한, 혹은 이론과 비평 등을 앞세운다면 리더십의 질은 떨어질 수밖에 없습니다. 따라서 지적 근육을 위해 부단히 교육받고 학습하며, 항상 이를 현업에 적용하려는 노력이 필요합니다.

타 문화 적응 adaptation 근육

타 문화에 적응하려면 심리적, 시간적 차원에서 여간하지 않은 과정을 거칩니다. 초기에는 약간의 불안감은 있으나 전반적으로 흥분과 기대 가운데 타 문화를 맞이합니다. 이 시기가 지나면 문화의 차이 속에 나타나는 현실적인 문제를 직면하면서 문화적 충격과 활동의 한계에 도달하곤 합니다. 이때 이 과정을 극복하는 노력과 능력에 따라 타 문화를 이해하고, 수용하며, 적응하는 정도가 결정됩니다.

이 과정을 올바르게 관통하지 못하면 타 문화에 대한 제한된 지식과 경험 속에 선입견과 편견, 오해와 갈등이 싹트며, 이른바 '아시타비我是他非'라는 나는 옳고 타인은 틀리다는 식의 방어적 태도가 나타날 수 있습니다. 이를테면 개인적, 주관적, 국소적 상황까지 자기 정당화 및 일반화를 통해 타 국가나 타 인종 전체를 비난하고 비하하는 경우가 발생할 수 있습니다. 이는 다양성 조직의 사기 저하 및 인종 갈등의 주요 원인입니다.

관계 근육

조직은 운영의 주체인 구성원들의 역할이 가장 중요합니다. 특히 이중문화 조직은 더욱 그렇습니다. 따라서 구성원 간 관계 정립에 영향을 미치는 주요소인 소통과 자세에 대해 짚어보고자 합니다.

먼저, 모국어가 아닌 타 언어로 대화, 전화, 이메일 등의 소통을 할 때는 상호 메시지를 명확하게 전달하고, 이해해야 하며, 이에 대한 적절한 반응 또는 피드백이 필요합니다. 이때 '눈높이 일체화eye level synchronization'를 기억하면 원활한 소통을 이어갈 수 있습니다. 본문에도 언급했듯이 눈높이 일체화는 상대의 수준에 맞춰 소통하는 방법입니다. 가령, 부모는 자녀와 소통 시 자녀의 대화 가능 수준을 가늠한 후 자녀의 입장에서 눈높이를 낮추고 소통합니다. 조직에서도 직급, 세대, 인종 등이 다를 경우 상대방에게 눈높이를 맞추면 훨씬 소통이 원활합니다. 우리는 지식, 기술, 경험 등에 기인한 저마다 고유한 복합적 소통법을 갖고 있고, 그 수준은 천차만별입니다. 하지만 상대방의 소통법은 존중하지 않고 자신의 기준에 의해 소통을 진행한다면 오해와 갈등을 빚을 수밖에 없습니다.

다음으로 지위 고하를 막론하고 상대를 존중하고, 예의와 매너를 준수할 때 소통의 효과는 더욱 증대됩니다. 다양성 조직의 구성원들은 서로 다른 문화와 가치관 속에 살아왔지만, 그 이전에 인간으로서 본능, 감정, 감성을 동일하게 내재하고 있습니다. 그렇기 때문에 솔직하고, 소탈하게, 겸손과 배려로 매사에 정성을 기울인다면 관계적 측면에서 한층 깊이 교류할 수 있고, 리더십도 자연스럽게 구축할 수 있습니다.

우리는 인생의 상당한 시간을 사회생활과 조직생활을 통해 활동하고 기여하며 살아갑니다. 소속된 조직과 단체 속에서 인간관계를 맺고, 다양한 역할의 역학관계 가운데 조화롭게 공동의 목표를 수행하며 살아갑니다. 그 과정에서 도전, 인내, 노력 등을 통해 성취, 만족, 보람, 행복 등의 가치를 추구합니다.

그 관점에서 저는 이 책이 다양성 조직, 그리고 이중문화 환경과 인연의 고리를 갖고 있는 독자분들이 각자의 가치를 실현하는 데 미력하나마 도움이 되길 바라고 있습니다. 이와 관련한 문의 사항은 eunsungkim@aol.com로 이메일을 보내주시면 소통에 최선을 다하겠습니다.

그동안 저는 머리로 습득한 지식을 다양성 조직이라는 텃밭에서 몸으로 좌충우돌 부딪치며 깨우쳤습니다. 이러한 스트리트 스마트street smart는 이론으로만 설명하기 어려운 측면을 현실적으로 경험할 수 있기에 독자분들도 직접 부딪쳐 보시길 감히 제안하고 싶습니다.

그래서 독자분들이 다양성 조직의 주재원, 관리자, 지도자, 경영진, 사업가, 그리고 그 가족으로서 자신의 역량을 독자적으로 발현하는 전문가로 발돋움하시길 진심으로 기원합니다.

아울러 한국과 미국 문화의 가교역할을 훌륭하게 수행해 나가며 국가를 대변하는 민간인 외교관 역할도 함께해 주시면 좋겠습니다.

김은성 드림

미국에서 성공하는 리더의 마일스톤

초판 1쇄 인쇄 2024년 1월 5일
초판 1쇄 발행 2024년 1월 12일

지은이 김은성

펴낸이 노현덕
펴낸곳 마오르
브랜드 MAOWR

편집   최형윤
디자인 조유영
마케팅 박서원
경영지원 김남용

등록   2023년 5월 10일 제2023-000065호
주소   경기도 성남시 분당구 서현로 210번길 1 405호
전화   031-8028-0202
팩스   0504-482-9315
이메일 business@maowr.com
홈페이지 www.maowr.com

ISBN 979-11-983891-0-7(03320)

* 이 책은 저작권법에 의해 보호받는 저작물이므로 무단 전재와 복제를 금하며, 이 책의 내용 전부 또는 일부를 이용하려면 반드시 저작권자와 마오르 주식회사의 서면 동의를 받아야 합니다.

* 파본은 구입처에서 교환해 드립니다.

* 가격은 뒤표지에 표시돼 있습니다.